# 孩子上小学，
# 妈妈该懂的事

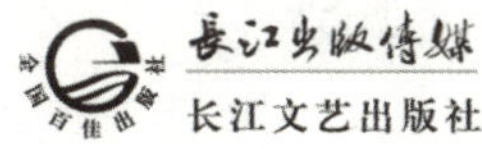

图书在版编目（CIP）数据

孩子上小学，妈妈该懂的事 / 饶雪莉著. -- 武汉 ：长江文艺出版社， 2014.7

ISBN 978-7-5354-5970-1

Ⅰ. ①孩… Ⅱ. ①饶… Ⅲ. ①小学生－家庭教育 Ⅳ. ①G78

中国版本图书馆 CIP 数据核字(2014)第 082113 号

责任编辑：刘兰青　　　　责任校对：陈　琪

封面设计：笑笑生设计　　　　责任印制：左　怡　邱　莉

出版：长江出版传媒　长江文艺出版社

地址：武汉市雄楚大街 268 号　　　　邮编：430070

发行：长江文艺出版社

电话：027—87679360

http://www.cjlap.com

印刷：荆州市翔羚印刷有限公司

开本：640 毫米×970 毫米　1/16　　　　印张：15

版次：2014 年 7 月第 1 版　　　　2014 年 7 月第 1 次印刷

字数：120 千字

定价：29.80 元

# 轻松做父母，快乐伴孩子

饶雪莉

这几年，因为创作家教类的书籍，我认识了很多年轻的父母，和大家分享了很多教子的心得。每天打开我的邮箱、微博、公共微信等开放平台，都能收到一些父母咨询的问题。坦白说，这些问题多数大同小异，无非是孩子在学校被同学欺负了，孩子不被老师重视了，孩子究竟几岁上小学，孩子做作业拖拉怎么办……其实这些相似的问题我在《别让孩子伤在小学》系列书籍里都一一有提到。但是出于对孩子的紧张和爱，这些爸爸妈妈们还是会觉得自己孩子遭遇的是特例，内心苦闷，急于寻求帮助。

面对这些提问，我首先很感动，感动这些与我素不相识的父母对我完全的信任。同时，我也深深地意识到，每一个孩子对父母来说都是唯一，孩子遭遇到一些问题，父母往往比孩子表现得还着急，还焦虑。

在一次和读者的见面会上，一位母亲向我提问，她接过话筒还没说话，泪水就已经涌出了眼眶。当时，会场一片寂静，大家都纷纷注视着这位激动的妈妈。妈妈指着前排一个在凳子上翻来覆去的小姑娘，说："饶老师，你看，这就是我家姑娘，她一刻也静不下来，每天我都要给她辅导功课，费很多心思，她的成绩还是很糟糕，老师说她有多动症……”妈妈说到这里已经泣不成声。

大家的眼光都投向了这位小姑娘，我也微笑地看着她，也许是感受到了大家的注视，小姑娘安静地坐了下来，水汪汪的眼睛里流露出些许不安。我和小姑娘简单地交流了几句，她很认真地回答我，虽然我不是医生，但凭着这些年的一些工作经验，我非常自信地当着大家的面告诉这位妈妈：“你的女儿很正常，根本没有多动症!”事实证明我的经验是对的，妈妈紧接着也说：“是的，我带孩子去医院检查过，医生也说她很正常。可是，我就是担心她成绩不好，老师总是不喜欢她。”我告诉这位妈妈：“一时的成绩不好不能证明孩子一生的失败，你要相信自己的孩子，并把这份信心传递给老师，相信孩子就是陪伴、疼爱、关注、鼓励、促进，以及所有助益性的推动。当你相信孩子时，孩子的命运就改变了。当你用整个生命去‘相信’时，你自己的命运也被改变了。我一直相信，你想让孩子成为什么样的人，她就一定能成为什么样的人!”

会场响起了一片掌声，这位妈妈很开心，她擦干眼泪说：“听您这样说，我就放心了!”

我深深知道，我这几句话并没有这么大的治愈力，对于现在的年轻父母来说，很多教育的大道理他们都懂。只是很多时候，面对自己孩子的问题，父母们总会当局者迷，急切希望得到来自外界的帮助与支持。

其实做父母的，只要真正放下内心的焦虑，试着轻松对待生活，对待孩子的教育，你就会发现，没有那么多“烦恼”需要别人帮助。要想轻松做父母，首先要意识到这世上没有“完美”的父母，所以不用要求自己的孩子“完美”，更不必奢求孩子的每个老师都是“完美”的好老师，对自己，对孩子，对老师合理的期许是“够好”就好。

做个好父母，首先要会及时察觉并处理自己的负面情绪。无论孩子出现了什么问题，你在焦虑和愤怒中，都很难帮他解决。相反，抱着轻松豁达的态度，反而能有效地解决问题。解决孩子的问题时，始终要抱有一颗同理心。同理心是一个心理学概念，简单地讲就是站在对方立场思考的一种方式。具体来讲就是在沟通时把自己当成沟通对象，站在对方角度看待问题。因为已经换位思考，所以也就很容易理解和接纳对方的心理。

当孩子在学校遇到了一些问题，家长也不必太过紧张，其实这些问题很多孩子都会遇到，你的孩子并不是特例。即使有时家长可能不同意老师的做法，或不欣赏老师的风格，但无论如何，家长应尽量以跟老师配合为前提，以协助孩子快乐成长为目标。

要想和老师做到有效沟通，真正帮助到孩子，家长一定要把握三个原则。第一，厘清问题。看看这是单一的问题，还是班级整体性的问题。如果是单一的问题，你跟老师沟通处理就好，如果是整体的问题，家长千万不要单兵作战，要找理念相近的三五个家长集体向老师反映。第二，无论和老师沟通什么问题，家长一定要保持不卑不亢的态度，用真诚平和的语气，切忌冲动行事。第三，在和老师沟通的过程中，不要具体指导老师怎么做，你可以给出建议或请教老师，但记得一定要把最后的决定权交给老师，这是对老师起码的尊重。

相信大家把握好了以上三个原则，孩子在学校的多数问题都能够有效解决。至于孩子在生活中那些大大小小的问题，只要你轻松乐观地应对，不对孩子抱有“完美”期许，也都能化解。最重要的是，你和孩子之间一定要建立一种美好的亲子关系，因为良好的亲子关系胜过一切教育！当两人之间保持信任、互助、依赖的关系时，你说什么对方都会当成至理名言；而如果两人之间敌对、漠视，甚至仇恨，那么即使你说的是真理，也会被对方认为是垃圾。没有哪个孩子喜欢自己的父母一天到晚皱着眉头绷着脸，父母的情绪会直接影响孩子的性格与成长。

为了感谢大家对我的信任，这本书里，我精心选取了一些父母的来信作回答。这些问题都是孩子在成长中极容易发生的，有普遍性也有代表性。如果我的回答对你有帮助，我会非常欣慰；如果对你没有帮助，你只作参考即可。不管如何，我想让你们知道，管教孩子，家长不可能没有情绪，重要的是：不要让情绪影响你们的亲子关系。我们要尽量管理好自己的情绪，做孩子情绪表达的示范者，放下焦虑和不安，创建快乐的家庭气氛，给孩子轻松愉悦的成长环境。

## 入学前准备：焦虑的妈妈打好前战

## 幼小衔接期：好老师，妈妈“造”

## 习惯养成期：和老师打好配合战

## 4 小学转折期：孩子的问题都是成长的问题

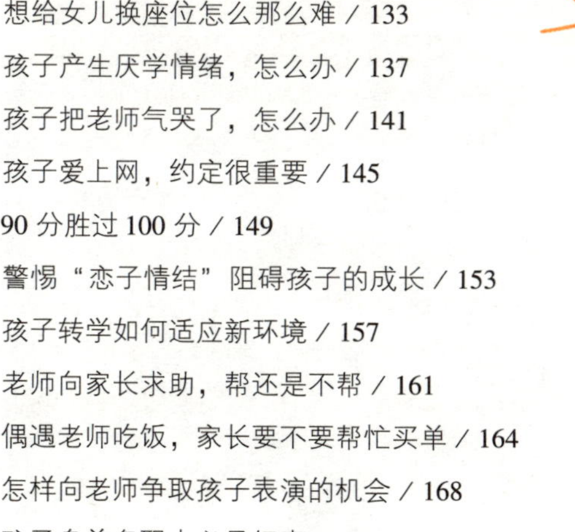

## 升学关键年：能为孩子做什么

## 小学问题百问千答

## 饶雪莉微访谈实录

# 入学前准备：焦虑的妈妈打好前战

## 孩子上小学，妈妈很紧张

我家贝贝今年9月马上要上小学了，不知道为什么，作为家长，我特别紧张。也许是因为常听见周围的朋友说："读小学很苦的，有很多作业，一旦孩子表现不好，家长还要被老师请去站办公室。"

贝贝似乎也受到了我情绪的感染，对上小学有种恐惧的心理，经常对我说："妈妈，我可不可以不上学？我想待在幼儿园。"每当听到孩子这样天真的话语，我总是说不出的心酸。孩子长大了，上小学是必然的事情。我不知道用什么样的方式来宽慰孩子，鼓励孩子面对新的学习环境。

孩子读一年级，有的家长很紧张，担心孩子是否能够适应新的学习环境，担心孩子进入小学能不能好好学习等等。其实妈妈们大可不必有这样的担心，更不应该受他人言论的影响，把这种担心传递给孩子，让孩子也跟着一起紧张。孩子上小学是自然的成长过程，家长放松一点就好，孩子的适应力是很强

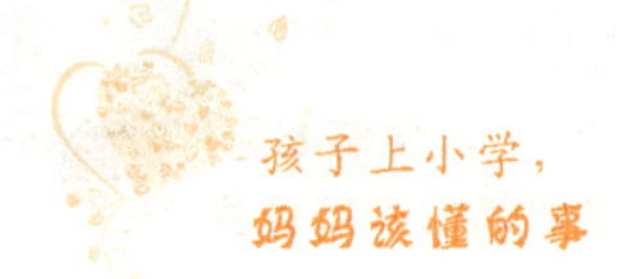



的，一般一个月之内，就会适应小学生活了。

家长要做的是帮助孩子完成从幼儿园小朋友到小学生的角色转变。

首先，父母应该告诉孩子：“小学生活非常有规律，每天有几节课，不同类型的课会由不同的老师上。每节课有 40 分钟，课间休息 10 分钟，你可以和小朋友一起玩，也可以抓紧这 10 分钟去上厕所。”

刚入学的小学生其实最新鲜的是两件事，第一件事是每节课会换老师，他们往往会睁着好奇的眼睛观察不同的老师。第二件事就是课间 10 分钟，在幼儿园，每时每刻都有老师盯着带着管理着，就算上厕所也要给老师汇报。但是小学就不同了，课间 10 分钟是非常自由的，孩子们可以做自己想做的事情，不需要向老师汇报。有的孩子刚开始不知道做什么，也不知道应该去上厕所，一旦上课后，又想上厕所，若是胆小，不敢告诉老师，就会造成尿裤子的现象。因此，家长还要鼓励孩子勇敢地用语言来表达自己的想法和诉求，不用担心老师会批评。千万不要在孩子入学前用老师的威严来吓唬孩子，这只会增加孩子上学前的紧张情绪。

其次，家长一定要抓住开学这个关键期，抓住孩子对新学校新老师新同学的好奇心，经常和孩子聊天，多注意倾听孩子的话，但不要帮孩子做决定或者帮孩子解决问题。孩子入学肯定也会遇到一些困难和问题，可能是和小伙伴之间的矛盾，也可能是和老师之间的。这个时候，建议家长不要先急着下结论，要了解清楚情况后客观地看待问题。你可以告诉孩子正确的做法，但最好引导孩子自己尝试解决。千万不要什么事情都由家长包办代替，这只会增加孩子的依赖感，不能使他尽快独立。

开学这段时间，一定还要注意培养孩子良好的学习习惯：每天自己整理书包，自己削铅笔，独立完成作业等。此外还要特别教会孩子自己系鞋带，我见过很多小朋友在学校因为不会系鞋带摔跤的情景。

还要特别提醒家长的一点是，开学一个月之内，孩子出现了任何学习上的问题都不必紧张，更不必大惊小怪，因为多数问题不是因为孩子不会而是因为孩子懵懂造成的。

我教过一个学生，第一次听写测试，他交上来一张白纸，考了零分。后来我带他到办公室单独听写，发现他都会写，我就奇怪了，问他："那老师在课堂上听写的时候你在做什么呢?"他对我说："我不知道要写在这张纸上，我写在了妈妈给我准备的本子上，后来看见大家交这张纸，我也就交了。"

还有的孩子不知道什么叫课堂作业什么叫回家作业，把在课堂上做的作业带回家，回家作业不完成。虽然这些细节，老师也会提醒，但老师面对的毕竟是几十个孩子，不能提醒得面面俱到，因此，也需要家长对孩子作特别的说明。

总之，在孩子上小学之前，家长应该尽量给孩子描述一个

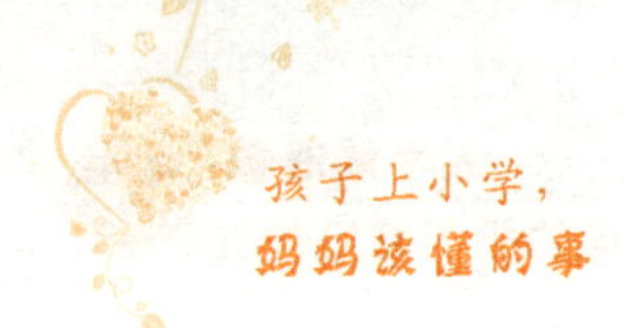



美好的校园生活，让孩子对小学充满期待和向往。比如告诉孩子："小学比幼儿园更宽敞更漂亮，有趣的科目更多，老师们都很爱小朋友。小学也比幼儿园更加自由，可以交到更多的好朋友，还可以看到许多的大哥哥大姐姐。"

当孩子进入小学的第一天，爸爸妈妈们应该微笑着鼓励孩子："祝贺我的宝贝长大了，成为一名小学生了，从今天开始，你就进入了一个新的学习阶段，祝你上学快乐！"

## 为了孩子是否要放弃工作

我在事业单位工作，非常稳定。我有一个爱我疼我的老公和一对善良且待我很好的公公婆婆，可以说生活原本很幸福。但自从有了孩子后，为了方便照顾孩子，我将公公婆婆从老家接到了我工作的城市，以保证我工作和看孩子两不误。然而，由于在孩子的教育问题上我和公婆之间存在着非常大的分歧，性格很倔的我经常会为了孩子跟公公婆婆生气甚至吵架，原本非常和谐的婆媳关系变得很差劲。老公由于经常出差在外，不常回家，对这些琐事也无可奈何。

如今孩子马上要上小学了，我也知道小学6年对孩子来说很重要。我有几个朋友都在家做全职太太，用心教育和照顾孩子。因此，我也想放弃工作，专职带孩子，让公公婆婆回老家享清福。但是，我老公听了我的想法后，坚决不同意。一是我老公挣钱不多，如果靠他一个人的工资养整个家庭可能负担很重；二是我老公觉得公公婆婆带孩子这么多年，建立了很深的感情，现在孩子大了，让他们回去，实在有种“过河拆桥”的感觉，很伤害老人。

但是，孩子现在上学，教育的问题会遇到更多，我担心跟公公婆婆的矛盾会越来越大，影响关系不说，会连带影响我与老公之间的感情。孩子只有一个，没教育好就不能重来。为了孩子，我是否可以放弃现在的工作？

不知道你有没有听过这样一句话："对孩子最好的引导和教育就是努力走好你自己的人生路。"你的一言一行，一举一动，你热爱工作，积极生活的态度，才能带动孩子对生活和学习的热情。

就你目前的情况，根本没必要放弃自己稳定的工作，你只是和公公婆婆的沟通出现了问题，这些问题通过努力是完全可以解决的。

在工作之余或休息日，你应该多和孩子相处，倾听孩子的心声，观察孩子的表现，以身作则地教育孩子。在你忙工作的时候，孩子不得不接受公公婆婆的教育，你应该这样做：主动与老人沟通，经常了解、关心孩子的生长、发展情况，与老人探讨教育的方法，尽父母应尽之责。当发现老人对孩子有溺爱的现象或不妥当的教育方法时，应从侧面提醒老人，使老人意识到自己教育方式的不妥，切不可当众训斥老人，那样只会伤了老人的心，更不能当着孩子的面说老人的不是，这样会影响老人在孩子心中的威信。经常向老人讲一些教育案例，或者推荐一些教育书刊，丰富老人的教育知识，转变教育观念，从而在家庭中取得教育上的协调一致，提高家庭教育的质量。当老师通知家长到学校开家长座谈会或者解决孩子的问题时，父母最好亲自去，不要推给老人。若实在没有时间，也要在电话里和老师约定另外的时间。

虽说隔代教育有弊端，但如今，一部分老人在育儿方面经验也十分丰富，方法得当，由他们来带孙辈，孩子也能够获得比较好的成长。在我多年的教学生涯中，也教过不少由祖辈带大的孩子，他们爱学习、讲礼貌、尊重老师、团结同学，是人见人爱的好孩子。我想，这和父母与老人的和谐沟通是分不开的。

带孩子是件劳心劳力的事情，还有重大的责任，这对老人来说很不容易。做儿女的应该多些感激，少些埋怨，也不要孩子有了问题就推给老人。若把老人送走了，你自己做全职太太，把全部身心都扑在孩子身上，你同样会遇到很多的苦恼。

你离开了工作圈子，孩子上学的时候，你独自在家，渐渐地生活会越来越空虚。你会把所有的精力都放在孩子身上，失去自我。长期下去，不仅带给孩子很大的压力，自己也会找不到生活的乐趣。

我教过一个孩子，每一次开家长座谈会，他都坚决不准他妈妈来。孩子的爸爸在外地工作，只能在电话里给我请假。后来我问孩子："你爸爸没有空，为什么你不让妈妈来开会啊？"孩子说："我妈妈只会做家务，什么都不懂，别人的妈妈都有工作，我的妈妈没有，我觉得她听不懂老师说什么。”

父母是孩子的第一责任人，同时，父母也是孩子心中的榜样。当你有自己的工作，自己的朋友，自己的生活圈子，自己的兴趣爱好……才能对孩子产生积极的影响，获得孩子的尊重。

作为父母，我们都爱孩子，但一个成功的家长，绝对不会把孩子作为家庭唯一的重心。一定是先做真实的自己，再做父亲或母亲！你和孩子都是独立的个体，有时你迁就他，有时他融入你。别忘记：你的眼界和兴趣决定了孩子真正的生活品质，你的努力和追求会带给孩子潜移默化的影响。

好好工作，好好爱孩子，好好和父母沟通，你一定会获得更加幸福的生活！

## 孩子差两个月满6岁，可以上学吗

有一个问题一直困扰着我，我看过很多家教类的书籍，知道不能让孩子早上学，应该让她享受快乐的童年。但是最近我为这件事情和孩子的父亲闹得很不愉快。因为我的女儿妞妞是10月底出生的，今年9月上学的话，还差两个月满6岁。身边有些差不多大的小孩，父母给他们改了户口想让孩子早上学，我没有改，心想：就顺其自然，明年再让妞妞上学吧。但突然，我们这边的教育局有一个新规定，9月1日之后到12月31日之前的小孩，都可以报名上学。我老公知道后执意让孩子去报名，他说："既然教育局都规定这段时间出生的孩子可以报名，为什么不让孩子上学呢？女孩子早上学好。真不知你为什么要拖孩子的后腿？"我给老公讲了很多孩子早上学的弊端，可是，他听完后嗤之以鼻道："我看你是看那些教育书看糊涂了，孩子只小两个月有什么问题呢？"他还骂我是教条主义。所以现在，我不知道究竟该不该让妞妞今年上学呢？

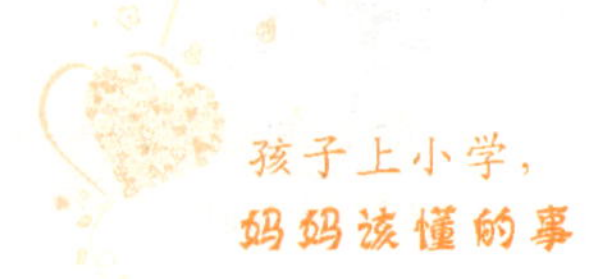



据我所知，世界上绝大多数发达国家规定小学入学的年龄都在6岁以上，这是有科学依据的。根据儿童身心发展的规律，学龄前儿童的学习以游戏的方式为主，而进入小学后是以课堂学习为主，开始有各种严格的规章、制度、标准、计划来约束，让孩子系统地学习知识。另一项针对100名提前入学学生的调查中，只有18%的孩子对学习感兴趣，56%的孩子学习成绩不理想，16%的孩子上课坐不住。

当然，这世上很多事情，都有特例。孩子早上学，有好的个案，也有差的个案。

我有个同事的女儿，四岁半上学，从不让父母淘神，一路凯歌，28岁就在一家跨国大公司做CEO。我的同事可以很骄傲地说："孩子早上学好！"我还教过一个学生，她的妈妈同样是一名老师，将5岁的孩子就送进小学。小学毕业后，孩子进入初中，成绩不理想，妈妈想到她反正年龄小，便给她降了一级。但是，孩子留级后学习还是很困难。到了高中，妈妈想到孩子也不算大，为了她的将来，干脆再留一级。高考的时候，孩子没有考上大学，又开始复读。这样折腾一番，当初小学同班的同学快大学毕业了，这个孩子还没迈进大学的门槛。她妈妈无比后悔地对我说："唉！早知道当初不让她那么早上学，什么都比别人慢半拍！"

抛开这些特例，从整体来看，早上学，特别是过于早上，对于孩子的心理成长是弊远大于利的。有些早上学的小孩，在小学甚至初中，表现都不错，和年龄大些的孩子没什么区别。家长也会由此判断自己当初给孩子做的选择是对的。但这种提前教育造成的一些心理缺失，往往要等孩子接近成年甚至成年后才一点点体现出来，如果控制得不好不能很好地调整，就会伴随其一生。

据我观察，多数早上学的孩子存在的问题并不是智力的问题，通常是学习速度跟不上，专注时间短，心理承受能力差。而且作为多数老师来说，对于年龄小的孩子难免也会更加心疼，当这些孩子在学习上欠佳的时候，老师也总会对自己说："他们是因为太小了，再大一点会好些。"从而放松对孩子的要求。

当然，如果孩子的年龄离上学年龄差距不大，能不能早上学，最关键的是看你女儿目前的状态，因为你的孩子只小两个月，不算太小。如果孩子的智力、体力、能力、心理素质和动作速度都和上学年龄的孩子相仿，是可以上的。如果差距较大，你就要和家人慎重考虑了。你在和孩子父亲商量的时候，也应该以孩子目前的状况为主要的讨论因素。建议你们先观察一下孩子的情况再做决定吧！

# 闺蜜是老师，该不该把孩子送进她班里

我有一个从小玩到大的闺蜜，在我们市一所重点小学教语文兼任班主任。说来也巧，今年她刚好准备接一年级，而我的儿子也在今年就读小学。闺蜜让我别操心，对我说："你的儿子就是我的儿子，他上学的事情我包了，就读我们班，我让他做班长。"

其他朋友都特羡慕我有这么一个老师朋友，不用为孩子上学分班等事情辛苦奔波。我也信任我的闺蜜，知道她绝对不会亏待我的儿子，但是我的内心还是惴惴不安，我担心儿子跟老师的关系太过亲密，会不会对他的成长不利？不过，如果我不把儿子放进闺蜜班里，又会得罪闺蜜，真是两头为难啊！

我完全能体会你矛盾的心情，不过，为了孩子能更好地成长，我还是建议你不要把孩子放到闺蜜的班级里。我相信只要你向闺蜜坦诚地说出你的顾虑，她一定可以接受的，因为你们毕竟是好朋友，大家的初衷都是为了孩子好，她作为一名老师，也应该理解你的做法。

有的家长对孩子呵护有加，喜欢将自己的孩子送到教师朋友的班上，认为这样孩子可以得到优先照顾，却不知，这种做法，往往弊大于利。

童童妈有个好朋友叫梅子，是一所重点学校的老师，还是班主任。童童入学那一年，梅子也刚好接一年级。童童妈是满心欢喜，硬是将童童塞进了梅子的班里，并且还让童童拜梅子为干妈。因为有了这层关系，两家人经常在一起聚会。班主任是自己的干妈，这让童童在班里有极强的优越感，不仅随便欺负同学，而且还公然在课堂上对抗梅子。梅子念在和童童妈的关系，不好责备童童。不仅如此，梅子还违心地评选童童当班干部，做“三好生”。童童妈认为自己的孩子果真那么优秀，逢人便夸。童童升入初中后，老师突然变得陌生，童童瞬间失去了小学时代的优越感，心理上有了巨大的落差，脾气古怪叛逆，成绩也急速下降。老师自然不太喜欢童童，多次找童童妈谈话，童童妈彻底懵了。她不明白一向在她眼中优秀的孩子为什么会变成这样？其实，她不知道，孩子在小学时代的“优秀”都是被干妈照顾后的假象，一旦失去了这份特殊的“照顾”，孩子自然变得“一落千丈”。

孩子如果和老师有特别亲密的关系，老师就会在孩子面前失去威信，这对老师和孩子来说都不是一件好事。

有经验的老师也从不会把自己的孩子放到自己班里，因为

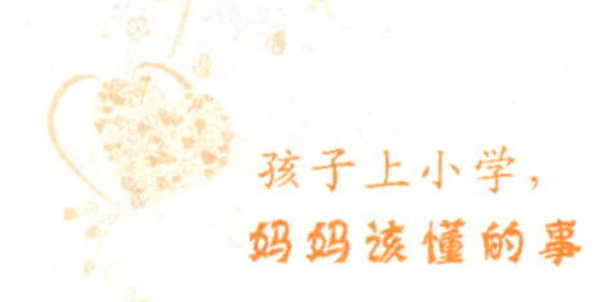


这样做的话，孩子会特别难管。其实这是小孩子的本性，孩子对老师的话基本是言听计从，因为老师在孩子的眼里有威信，有距离感，甚至有崇拜感。但当老师变成父母以后，天天见面，日常生活琐事都在一起，没有了距离感，也失去了崇拜感。无论这个老师多么优秀，多么会教育学生，但是在自己孩子的眼中，父母就是父母，孩子在老师面前乖巧听话，在父母面前就可以随性而为。因此，学生和老师之间一定不要太过熟悉，要保持一定的距离感，只有产生了距离感，孩子才会崇拜老师，听老师的话，而小孩子也要在和其他孩子平等的环境下，才能更好地锻炼自己。

你可以让儿子就读闺蜜所在的重点小学，但不要放进闺蜜的班级，这样是两全其美的办法。孩子可以在班级里全面展现自己，得到老师公平的对待。假如真有什么急事，闺蜜也能帮忙。这对孩子是好事，也不会伤害你和闺蜜的友情。

## 双胞胎分在一个班还是两个班

我有一对双胞胎女儿，大宝和小宝。大宝比较调皮，小宝比较内秀。两人关系还不错，虽然有时有些小打小闹，但毕竟是亲姐妹，每天黏在一起，谁也舍不得谁离开。念幼儿园的时候，两个小家伙都在一个班，有人欺负小宝，大宝就会挺身而出帮忙。大宝在学校闯祸了，小宝也会替姐姐保密。

眼看大宝和小宝就要上小学了，我和家人遇到了一个揪心的问题，不知道该让学校把这两个小家伙放在一个班还是两个班好呢？老人倒是希望放在一个班，说是便于接送孩子，而且也更好辅导孩子的作业。老公的意见是，双胞胎还是放在两个班好，这样孩子不会被比较。而且，两个班老师的教学方式不同，两个孩子还能互相取长补短。老公还强调大宝和小宝今后总会分开，不能永远这样黏在一起，会影响她们的交际能力。

我问大宝和小宝："你们希望在一个班还是两个班啊？"

两个孩子把小手紧紧牵在一起说：“我们死也不分开，就要在一个班！”

我该怎么抉择呢？

双胞胎绝对是校园里一道引人注目的风景，非常遗憾的是，我没有教过双胞胎。但是每当办公室其他老师班里有双胞胎的时候，我们这些没有双胞胎学生的老师总是会露出无限羡慕的眼神问：“你能分清楚他们吗？”

“看外貌不那么好分，但在课堂上一定能分，爱回答问题那个是大双，不吭声那个是小双。”老师难免会有这样类似的比较。

双胞胎究竟是分在一个班还是两个班，其实最关键的是看两个孩子之间的差距大不大。

如果两个孩子都比较外向活泼，身体素质、智力发展、交际能力相仿的话，放在一个班是完全可以的。这样，不仅可以同时接送，同时辅导，同时和老师交换意见，还能让两个孩子彼此帮助，更加默契。

但是，如果双胞胎的性格及身体素质、智力发展、交际能力有一定差距时，还是放在两个班比较好。这样可以避免孩子之间的正面对比，伤害其中一个孩子，也可以让老师和家长根据孩子的情况给予不同的教育方式。

还有一种情况，有的双胞胎在一个班形影不离，因为不孤独，他们很难主动去结交新的朋友，锁在两个人的世界里，确实也会影响以后的人际交往。

双胞胎是上天给父母特别的馈赠，不管孩子在一个班还是两个班，不管孩子之前的差距有多大，家长都要随时提醒自己，“一碗水”端平，要公平公正，不偏袒，不厚此薄彼。不能因为自己的一点小疏忽，给其中一个孩子带来负面的感觉。

其实，很多育儿专家不主张双胞胎以兄弟或姐妹相称，也不给他们分老大、老二，应自打他们会说话起，就一直让他们直呼对方名字；父母也不说“你是老大，要让着老二”或类似的话，尽量淡化他们之间的大小关系，主张以平等为原则。双胞胎除了外形相似以外，他们有不同的个性和兴趣特长，所以，家长也不必要求他们保持一致，不必让他们穿一样的衣服，用一样的文具，参加一样的兴趣班，而是鼓励他们应根据各自的性格、爱好自由选择，自由发挥，让他们觉得自己是个独立人，不是另一个人的影子。

听了你叙述的情况，我建议把大宝二宝分在不同的班级。但是在这之前，你们应该适当给两个孩子创设分开的机会。比如，周末安排活动，一个人跟爸爸在家看书，另一个跟妈妈去逛街；或者给她们不同的任务，让她们独立去完成，以此锻炼她们“独立作战”的能力，减少彼此的依赖性。

然后，父母可以告诉孩子：“你们不在一个班，可以认识更多的好朋友，这些好朋友都可以成为你们共同的朋友，大家

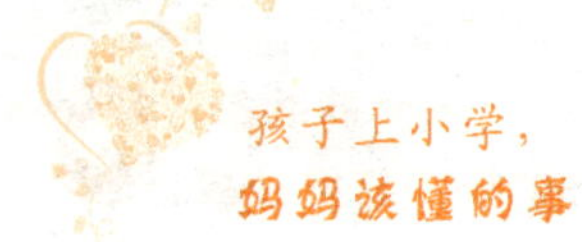


一起玩耍，而且，你们可以把班里的趣事讲给对方听。虽然你们没有在一个班，但是你们还在一个学校啊！上学放学在一起，吃饭睡觉在一起，你们不会分开的！”

这样说，可以消除两个孩子对于分开的焦虑，还可以让她们对新的班级产生期待。

抚养一对双胞胎确实很幸福，但也需要父母双倍的经济付出和精神付出，当然收获也是双倍的！

# 幼小衔接期：好老师，妈妈"造"

## 如何快速有效地了解孩子的老师

我家宝宝今年刚上小学。我去接她放学的时候偶尔会遇到她的老师，很想和老师聊聊，又不知道该说些什么，因为对对方不了解，生怕说错话了老师不高兴。有时我会在吃晚饭的时候问一下宝宝她老师的情况，又怕问多了对孩子影响不好。都说了解是良好沟通的前提，我就很焦虑，我该怎么去了解孩子的老师呢？

花有几样红，人有人不同，老师自然也有不同的类型。了解孩子的老师，确实是家长和老师沟通的必要前提。

如何才能快速有效地了解孩子的老师呢？

当家长和老师第一次见面，就应该得到老师的电话号码。有些家长，甚至会立刻加老师的 QQ 或者微信，和老师建立好沟通的平台。一般来说，老师不会拒绝家长的要求，但也不排除有个别老师不愿意让家长过多地了解他的私人生活。当遇到老师不愿意加你的 QQ 和微信时，你也不必勉强。但至少，应该得到老师的电话号码，这一点，老师是不会拒绝的。

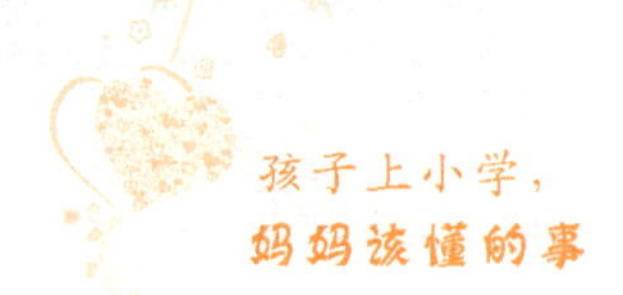


观察老师的外貌，穿着等，也是了解老师的一个直观途径。如果老师穿着朴素，不施脂粉，说明该老师比较传统，建议家长跟老师认真对话，不要开过多的玩笑；如果老师穿着时尚，略施淡妆，说明老师比较注重外在形象，建议家长经常对老师进行适当的赞美；如果老师浓妆艳抹，穿着夸张，这类老师往往个性张扬，建议家长和她保持一定的距离，和老师的沟通也需格外谨慎。

通过和孩子的聊天，也能准确地了解老师的个性和教学方式。家长可以这样问孩子："在学校你最喜欢哪个老师啊？为什么？""你最喜欢上什么课啊？"孩子的描述一般都真实可信。比如，我也曾从很多家长口中了解到孩子对我的印象。

"饶老师，孩子最喜欢您，她说您总是很温柔，不会乱发脾气。"

"饶老师，孩子喜欢听您朗读课文，他说很有感情。"

"饶老师，孩子喜欢您上课做游戏，非常有趣。"

……

每当听到这些暖心的话，我都会更加努力，做一个让孩子们喜欢的老师。所以，当家长了解到孩子对老师的爱以后，也要把这份爱传递给老师，这种爱的传递，不但能促进老师更好地工作，也能让孩子得到老师更多的呵护。

此外，细心的家长还可以通过孩子的书本、课堂笔记和老师布置的作业去了解老师的教学水平。孩子的书本整洁，笔记清晰，说明老师对孩子的学习习惯有严格的要求；老师布置的作业灵活，不机械重复，说明老师有较高的教学水平；老师批改作业认真，在孩子的作业下有鼓励式评语或者等级评定，说明老师喜欢采用激励式的教学方式。

要想快速了解孩子的老师，还有一个非常直接的方法，就是联系这位老师之前教过的学生或者学生的家长，他们对老师的评价也是一个很好的参考。

小学老师往往分为这几种类型：资深传统型，积极进取型，默默无闻型，新新菜鸟型。资深传统型的老师大都有几十年的教龄，教学技能纯熟，有一套自己的教学方式，不会轻易去改变。家长对待这类老师，一定要彬彬有礼，格外尊重，遇到孩子的问题，要抱着请教的态度去和老师沟通，切不可自以为是去教育老师。积极进取型的老师往往有几年到十几年的教学经验，处于事业的上升阶段，这类老师喜欢不断学习，探索新的教学方式，也喜欢跟家长沟通交流，愿意提高自己。家长可以和老师探讨一些新鲜的教育理念，不仅能促进老师的进步，对孩子也是非常有益的。默默无闻型的老师只是满足做好自己的教学工作，不愿意对自己有过高的要求。遇到这类老师，家长可以经常赞美老师，给老师更多的鼓励，也可以经常向老师咨询问题，树立老师的自信心，让老师力求进步。新新菜鸟型，顾名思义，就是刚刚走上工作岗位的老师，这类老师往往对教书育人怀有满腔热情，但毕竟是新人，在教育孩子和

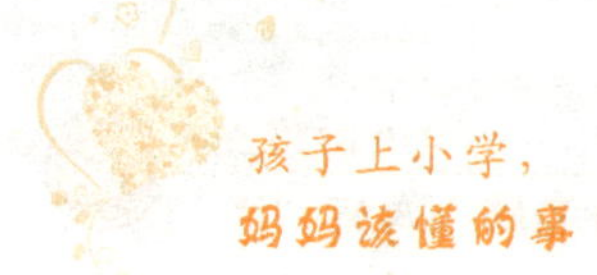



教学方法上，总是会出现一些错误或失误。这时候，需要家长更多的宽容和理解，给老师一到两年的时间，他们也能很快成为优秀老师的。

了解是沟通的前提，信任是沟通的基础，真诚是沟通的态度，只要家长有心，就一定能了解孩子的老师，和老师有效沟通。

## 教师节的礼送还是不送，怎么送

我的孩子今年刚上小学一年级，马上就要到教师节了，我是否该给孩子的班主任送礼？本来就我内心来说，我是不想送的。但是，周围的朋友都告诉我：“现在，百分之八十的学生家长都给自己孩子的班主任送礼。如果你不送的话，你的小孩很难得到重视。”那我就想了：如果大家都送，老师又该重视谁多一点呢？难道看红包的大小吗？

也许很多老师并不想要这些小恩小惠，并不希望家长这样。但我还是担心老师在意，万一把怨气撒在孩子身上，给孩子造成心理阴影导致厌学，那我后悔就晚了。我身边就有这样的例子：有两个朋友的孩子个子都高，一个和老师关系好，坐前面；一个和老师关系普通，坐后面。结果坐后面的听课受影响，学习成绩下降。还有更惨的是，和老师关系好的，上课有很多回答问题的机会；和老师关系不好的，上课举无数次手都没有一次被抽到的机会。我的朋友说，每次听到孩子回来问父母：“为什么我

每次举手老师都不抽我？”父母的心都快碎了，赶紧趁过节给老师塞了一个大红包，之后，孩子被抽问的次数明显增多了。听到这些，我只能对我的内心妥协，决定还是要给老师送礼，不过，送现金红包还是送物品呢？应该怎么送呢？我还是很纠结。

你提了一个非常敏感的问题，这想必也是很多家长面临的困惑。教师节送不送礼？怎么送？送了有什么好处，不送有什么弊端？关于教师节送礼的问题，社会上一些人对老师的评价也极其不公平，轻则说老师贪图利益，重则说老师道德败坏。可是大家想过没有，今天，老师之所以会收礼，所有错误的源头都来自社会和家长。

如果没有家长开始送，怎么会有老师开始收？

家长首先要明确一点，你给不给老师送礼，并不影响孩子的学习。在学校里，老师是传授一样的知识，不可能只给送礼的小孩讲课，也不可能只给送礼的小孩改作业。孩子学习不好有很多因素，并非是坐后排的原因，上课举手没被抽到发言的孩子并非全都前途黯淡。

换个角度，如果你的孩子是因为你所送的红包当上的“班干部”、“三好生”，坐的“黄金座位”，被特别照顾，这对他的成长又有利吗？

我不主张家长跟风给老师送红包，特别是有个别家长，内心本不情愿送礼，但见到别人送又心有不甘，一边满脸堆笑地将红包递给老师，一边转身走出校门就开始骂老师：“所有的老师都是势利眼，见钱眼开。”在这样的心态下送红包，显得太扭曲了吧，有什么意思呢？还不如不送。

但我主张家长借教师节这个机会教孩子学会感恩，家长可以启发孩子如何表达自己对老师的感谢，比如送老师一幅自己画的画儿，一张漂亮的贺卡，在上面写上祝福的话，或者一束美丽的鲜花……

当然，每个孩子所在的学校不一样，遇到的老师也不一样。在某些特殊情况下，究竟要不要送礼，关键是要看老师而定的。如果这个老师是真心热爱教育事业，并且想有一番作为，那么，送不送礼都关系不大。如果这个老师已经受到某些社会风气的污染，非常势利，那么做家长的也只能选择“屈服”。如果你不愿意屈服，又不巧遇到了“势利眼”老师，与其纠结送不送红包，不如早点想办法转学吧！

一年级的新生进校正逢教师节，很多家长都迫不及待地要向老师表达自己的心意。孰不知，老师连孩子都认不全，即使你送了红包或礼物，老师也不一定能对上号。所以，家长千万别着急。有些聪明的家长从不会选教师节送老师礼物，反而会选在一些特殊的日子，比如老师的生日、新年或者是感恩节等等，这样，反倒让老师记忆深刻。

建议这位妈妈别着急送礼，先仔细观察一下孩子的老师属

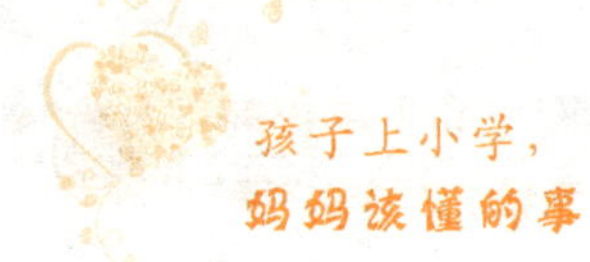


于哪种类型，也许你的孩子碰到的是一个真心热爱教育事业的好老师，这样，你就大可不必纠结了。因为这样的老师收不收礼物都会一样地对待你的孩子，而你真的尊重老师，送不送礼物也只是一种形式。

## 家长如何和老师亲切自然地交流

自从孩子上小学以后，我看了一些家教类的书籍，特别是饶老师的《别让孩子伤在小学》对我的启发很大。我知道孩子在小学期间，在家和在学校的时间是最多的。好家长和好老师就像是孩子成长的双翼，缺一不可，少了任何一个翅膀，孩子的成长都是不平衡的。孩子在家里是否快乐，由父母的教养方式决定！孩子在学校是否快乐，当然很大程度上由老师决定！所以，家长和老师的沟通与交流至关重要。但我现在遇到一个问题，我是一个单亲妈妈，我的性格本身比较内向，不擅长与人交流。每一次去接孩子，碰到老师，我最多也是对老师笑笑，只要老师不主动找我说孩子的问题，我就不知道如何和老师展开话题。有时候，看到其他妈妈牵着孩子和老师有说有笑，我真是十分羡慕。不知道是不是因为我的不主动，我总觉得老师对女儿的关注不够。我该怎么做，才能像其他妈妈一样，和老师亲切自然地交流呢？

老师和家长的关系很微妙，不能过于疏远，也不能过于亲密，最好保持一个尊重的距离，这对孩子来说是最有利的。有些家长为了和老师搞好关系，对老师过于热情，不但没有讨好老师，还会起到反效果。但若对老师太过冷漠，老师确实很难对你的孩子重视起来，不是老师不想重视，而是你没有让老师感受到你对孩子的期许和苦心。

你说你不擅长与人交流，所以不知道如何和老师展开话题。其实和人沟通第一是真诚，第二是放松，第三是懂得赞美。

首先，你应该把老师当作平常人来看待，接孩子的时候看到老师，尽量放松你的心情。如果孩子的老师是女教师，你可以先赞美一下老师的穿着或者气色，一般来说，人在赞美中都会心情愉悦，能很好地和你交流。然后，你可以直接地问问：“我家女儿在学校表现如何啊?”如果老师说：“不错!”你应该回应：“谢谢老师，老师辛苦了，女儿回家经常说她很喜欢老师。”如果老师提出了孩子存在的一些问题，你应该及时回应：“我们一定帮助孩子改正，还希望老师继续监督。”要特别提醒你的是，当其他家长也在与老师交流的时候，千万不要挤上前去打断别人的对话，你可以静静地等在一旁，等待老师和别的家长完成对话。如果发现老师实在很忙，你也可以先选择离开，等下次有机会的时候再与老师沟通。

当然，和老师交流的方式除了面谈，还有很多。现在，多数老师在接班以后，都会把自己的电话、邮箱、QQ号等留给学生，方便学生有情况有问题及时联系。如果没有，家长或者孩子向老师问，老师也会告知的。

说到给老师打电话，也是有讲究的。首先，时间上不要选择早晨和老师上课期间。早晨，是老师非常忙碌的时刻，除非你是有急事要给孩子请假，否则请不要在这个时候给老师打电话交流情况。其次，老师上课的时间，你给他打电话也是很不礼貌的，多数老师甚至不会在上课的时候开机。如果你真的有特别重要的事情非要告诉老师，建议你给老师发个短信，包括请假也是可以发短信的，老师一定会抽空看见。

如果是为了交流孩子的情况，给老师打电话的时间最好选择在晚饭后，老师在这种时刻相对比较放松，时间上也很宽裕，可以和你有效交流。但是，请你在交流前，一定要想好这通电话的目的性，交流要有重点，言简意赅，切忌在电话里和老师唠唠叨叨地拉家常。

如果你的家庭有一些特殊情况希望让老师知道，你又觉得当面讲有些不方便，那么你可以利用书信和老师交流。一般来说，通过文字表达的方式，很容易打动老师，让老师感受到你的良苦用心。

我也曾经教过单亲家庭的孩子。有一天早晨，我刚进办公室就发现办公桌上有一封信，写着“饶老师亲启”，打开信一看，原来是班里一位女生的妈妈给我写的。在信中，这位妈妈

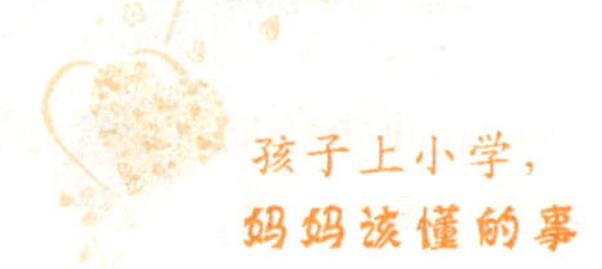


给我介绍了一下她家的情况，在孩子刚满月的时候，她的丈夫就抛下她们母女离开了家。她一个人含辛茹苦地把孩子抚养大，孩子也很懂事，生活自理能力很强，在家都是自己洗衣服，有时妈妈下班晚了，孩子还要做晚饭。从一年级开始，孩子就是一个人上学放学，从不需要家长接送。但是孩子的性格很倔强，妈妈担心她不能很好地和同学相处……看完这封信，我的内心也是百感交集，没想到平日里那个文静的小女孩竟然这么懂事，顿时对这个小女孩心生怜爱。

沟通是一门艺术，学会和老师沟通的技巧，把握和老师的亲疏距离，既是为了您的孩子，也可以提高您个人的素质。见到老师，礼貌地问候；遇到问题，谦虚地请教；交流孩子的情况，耐心听取，少说废话；老师需要你帮忙，力所能及，不卑不亢。这样的家长就是最智慧的家长。

## 孩子被老师忽视怎么办

我和老公都是老实本分的人，可能因为这个原因吧，我们的女儿巧巧性格也特别内向，在学校里从来不主动和老师说话，连好朋友也没几个。有一天早晨，巧巧在奶奶家起床晚了，因为害怕迟到，不想去上学，奶奶便由着巧巧，也没和老师请假。中午的时候，我打电话回家才知道巧巧没去上学，我气得不行，赶紧回家将巧巧送到了学校。我不明白，巧巧一个上午没在学校，又没有请假，老师为什么也不通知家长？我找到巧巧的班主任，对她说：“老师，巧巧上午怕迟到没来上学，我把她送来了。”班主任一脸惊奇的模样，一会儿才敷衍道：“快去教室吧！”我想她上午根本没注意到巧巧没上学。巧巧如此被忽视，真让我们做家长的心寒。不知道有什么办法能让老师重视我的孩子？难道是要给老师塞一个红包吗？

所有当过老师的人都会有这样的感觉，在一个班里，老师对最优秀的学生和最调皮的学生最重视，随时都放在眼皮下，

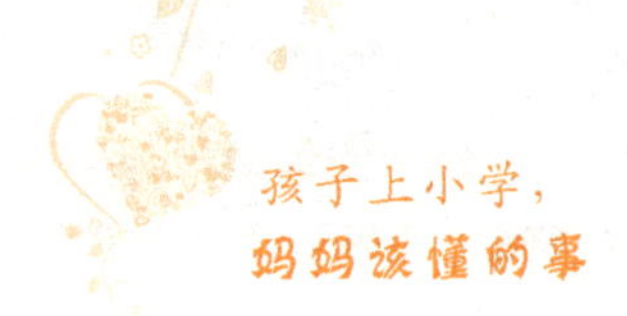



而对于那些中等生，特别是没有特点的中等生，最容易忽视。

很显然，巧巧属于这种容易被老师忽视的学生。不是老师要故意忽视她，因为她太平凡，又默默无语，老师很难注意到她的存在。

老师忽略一个孩子是很正常的，并没有特别的针对性，有时她也是身不由己。要想让你的孩子得到老师的重视，特别是要让内向的孩子得到老师的重视，想靠塞一个红包给老师解决问题是不妥的，且不说有些老师不会收，还会对家长产生负面印象，即便是老师收取了红包，也是短时间地重视孩子，不是长久之计。最好的办法，是家长首先吸引老师的关注。

我遇到过这样一个母亲，她的女儿宁宁和巧巧一样，特别不爱说话，看到老师只会躲。我只要一找宁宁谈心，她的脸会红到脖子根，而且声音小得像蚊子。

有一段时间，宁宁的妈妈总会给我打电话，想约我出去聊聊孩子的情况，我都婉言谢绝了，并告诉她有什么事情到办公室说也是可以的。

后来，我每天早晨在校门口都会遇见宁宁的妈妈，大家互相聊几句。起初，我以为是巧遇，但很快我发现，宁宁的家就在学校旁边，宁宁不需要接送，她妈妈是故意在校门口等我的。但是因为早晨时间紧，我总是匆匆地应付完宁宁妈就赶去教室，有时心里还会有些埋怨，觉得宁宁妈话太多。

有一天放学，我出校门，又看见了宁宁妈，她非常恭敬地对我说：“饶老师，我想耽搁您一点时间，和您好好谈谈。”

“有什么事情明天去学校说，好吗？”我看看表，表示赶时间。

“饶老师，我不会耽搁您太多时间，就半小时，好吗？有些话在学校不好说。”宁宁妈很着急。

听她这么一讲，我不好拒绝，只好和她去了学校旁边的一个小茶坊坐下来。

宁宁妈告诉我，宁宁是她 38 岁才要到的孩子，因为得来不易，所以呵护备至，孩子从小就很胆小，不擅交往，所以宁宁妈很担心，希望能让孩子学会和别人交流。

宁宁妈还说，宁宁爸爸一直有病，随时可能撒手人寰。家里经济不宽裕，但是无论如何，都要给宁宁最好的学习和生活条件。

半个小时的时间，宁宁妈几乎把她的家底儿都掀起来告诉我了。我觉得她不仅把我当孩子的老师，还把我当成一个值得信任的人。我开始理解她为什么天天在校门口候着我，为什么非要告诉我这些，这一切都是为了宁宁。

这次交流以后，我确实特别关注宁宁，上课有意抽她回答问题，课后，也常和她谈心，在班里，经常表扬她，还号召班里的孩子带着宁宁玩。每次看到宁宁妈，她都会恭敬地对我点头微笑道谢，这让我没法不重视宁宁。

当然，每个家庭的情况不同，也许你的家庭很平凡，没什

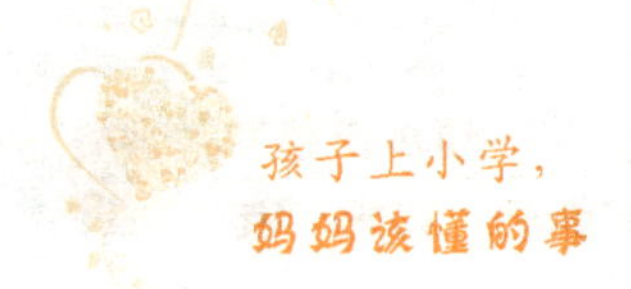


么苦水向老师倾诉。不同的情况会有不同的方式，只要家长有心为孩子，没什么是做不到的。

小丁也是一个平凡无奇的男生，成绩不好不坏，没什么特长也没什么缺点，如果不是因为他爸爸，我真的很难注意到这个孩子。

有一段时间，我每次批改回家作业，小丁的作业后面都会有他爸爸写的一段意见。有时是对小丁作业的评语，有时是把小丁在家里的表现告诉我，还有时，是发现了小丁学习上的一些问题，请求我的帮助。每段意见的最后都不忘客气地加上一句：谢谢老师。面对着如此认真的家长，我又怎能含糊？总是主动找到小丁，了解他，帮助他解决问题，并且还在全班表扬小丁的父亲认真负责的态度。小丁逐渐地增强了自信心，比以前更加融入集体了。

虽然，小丁的爸爸很少到学校里来找我，但是他以这种独特的方式让我注意到小丁，真是用心的家长。

还有一位家长坚持每个周五晚上8点钟给我打电话，询问孩子一周以来在学校的表现情况。所以每到周五晚8点，电话铃一响，我就知道是这位家长。为了有准备地和家长交流孩子的情况，我在平时的教学中会不自觉地注意这个孩子，观察他的表现，这样才能做到有效的交流。

我的同事还遇到这样一位妈妈，每天早晨送孩子来的时候，都会在我同事的办公桌上放一个洗净的水果。虽然只是一个小小的水果，但是我的同事觉得很感动也很幸福，时常念叨着这个家长好。

所以你看，只要有心，老师就会记住你。记住了你，自然不会忽视你的孩子。

# 请老师吃饭的时机与技巧

我一直有个想法，希望和孩子的老师好好交流一下孩子在学校和家里的表现，让彼此认识一个更加完整的孩子。谈话就需要时间和场合，平时接送孩子时间太紧，我只能和老师匆忙打个招呼，要想聊得更透彻根本不可能，于是，我总想请老师吃一次饭，认真交流一下。但我也有所顾忌，一是老师平时太忙，也可能面对过很多这样的邀请，万一在电话里拒绝我，我会很尴尬。二是请老师吃饭这种行为会不会属于贿赂老师，万一老师对我产生反感怎么办？就我内心来说，我请老师吃饭的目的只是想沟通一下孩子的情况，并不是想要老师对孩子处处护着，不希望这顿饭带上其他色彩。我可以请老师吃饭吗？

如果你是带着这种心理请老师吃饭我认为是完全可以的。请老师吃饭是中国人尊师重教的一种传统礼仪，重在感谢交流。如果请老师吃饭的目的是为了换取孩子的特权，那才会引起老师的反感。

不过，请老师吃饭也是有技巧的，哪些情况下适合邀请？怎么邀请？如果处理得不好，会适得其反。

首先，教师节最不适合请老师吃饭。

老师面对的是几十个学生，教师节的时候，很多家长都会想方设法以各种理由找各种关系请老师吃饭，在这么多的邀约下，请到老师的几率很低。即便请到了老师，老师饭局多了，感到疲累，也会有麻木心理，和你的交流不会有太好的效果。

还有些家长喜欢在孩子过生日的时候邀请老师，认为这是促进师生情的最佳机会，殊不知，多数老师最怕参加的就是学生的生日宴会或者家庭聚会。面对着学生的亲朋好友，老师只会感觉无所适从，即使参加了，也会选择用餐后匆匆离去。

那么家长在什么情况下适合请老师吃饭呢？

最好的时间是普通的周末。

老师辛苦地工作了一周，周末最为放松，也最容易答应家长的邀请。老师心情愉快，和家长交流起来会达到最佳的效果。但是在饭桌上，家长不必和老师讨论孩子存在的问题，因为在这样的环境下，老师一般会有所顾忌，尽量说孩子的优点，不会说孩子的缺点。你可以多和老师交流孩子的性格，包括孩子在家发生的一些趣事、你们对孩子的期待等等。让老师更了解孩子，对孩子印象深刻，从而在以后的教学中更关注他。

此外，除非是孩子毕业升学后的谢师宴，否则，平时请老

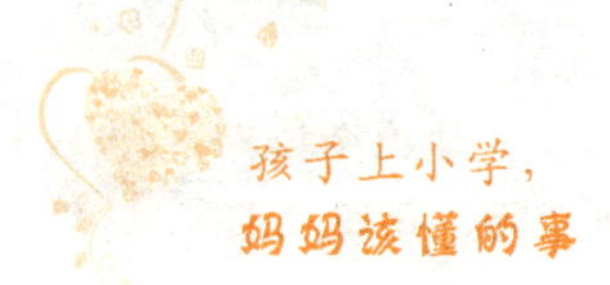



师吃饭，尽量不要带着孩子参加。胆小内向的孩子和老师一起吃饭，会很拘谨，家长以为可以借此机会让孩子和老师建立亲密的关系，其实在这么短的时间内是很难做到的。看到父母和老师在一起，孩子反而会觉得无所适从。胆大外向的孩子和老师一起吃饭，一定会特别骄傲，说不定还会在心理上产生一种优越性，到学校后和同学们炫耀："我和老师一起吃过饭哦！老师很喜欢我哦！"这也不便于老师在班里开展工作。

在电话里邀请老师吃饭，很可能老师的第一反应是拒绝，第一次你不必勉强，但可以多邀请几次。家长可以这样说："我们没有别的意思，想借此机会表达一下对您的谢意，也想向您请教一些教育孩子的方法。"只要你心意诚恳，多邀请几次，老师一定会答应你。

总之，请老师吃饭，不必太正式，尽量让气氛轻松和谐。交谈中，不必局限于孩子的问题，可和老师多聊一些彼此感兴趣的事情，中间适当穿插感谢老师的话就好。至于敬酒，要看情况而定，不要强求。如果老师和家长都能喝，适可而止，喝高兴就行。如果有一方不能喝，是老师，可以用饮料代酒；是家长，则应该在开始吃饭时表明自己不能饮酒，表达心意就行。

# 老师家有喜事，该不该去送礼

今天儿子放学回家，兴高采烈地对我说：“妈妈，我们老师国庆节要结婚了！”“哦，是吗？”我平淡地回应。儿子见我没什么反应，继续说：“我们班同学都要送老师结婚礼物，我送什么呢？”我一听就有些火了，问儿子：“老师邀请你了吗？”儿子摇摇头说：“没有，但大家都知道老师要结婚，我的同桌还说要送老师一条金项链作为结婚礼物呢！”“别人送你就要送吗？别说了，我们不送。”儿子听了我的话，眼里含着泪花跑开了，不敢再提这件事。老公责怪我不该这么对儿子说话，儿子想送礼物给老师也是喜欢老师的表现，没有什么错。可是我觉得，老师结婚就送礼物，那么，等老师生孩子了，得送；孩子满月，得送；孩子过生日，还得送……现在的尊师重教，已经被某些家长搞变了味道，我很反感这种风气。再说，孩子现在才上一年级，如果以后，老师家但凡有红白喜事，家长都去送礼的话，那家长的负担也太重了。我认为那些家长不过是为了讨好老师而已，谁会真心去送礼呢？

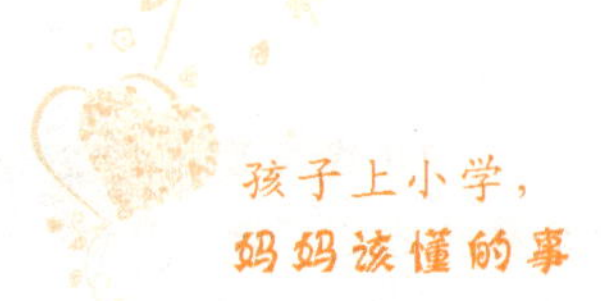


老师结婚，本是一件值得祝福的事情，多数老师不会在班里宣布自己要结婚的消息。但是，家长们的触觉都是极其敏感的，一旦知道老师有喜事了，很多家长都会觉得这是一个好机会，希望能对老师表达自己的心意。至于这其中哪些是真诚的祝福哪些带有功利色彩，我们很难分清。

有一个年轻老师，刚刚参加工作不久，就要结婚了。她给班里每一个孩子都发了喜帖和喜糖，邀请孩子们来参加她的婚礼。孩子们自然是兴奋不已，都表示一定会参加。

可是到了老师结婚那天，班里几十个孩子，只来了几个孩子。老师事先预定的酒席空了好几桌。老师真没想到，那么多家长都不来参加她的婚礼，她十分生气却又不好发作，明明是开心的日子，反倒弄得心情不悦。

后来，这位老师问班里的孩子："为什么你们答应了老师要来却都不来呢？"孩子们都表示是家长不带他们去。并且有孩子还说："我妈妈说你请我们就是为了收礼金！"

另一位老师在结婚之前并没有把这个消息告诉给班里的孩子，结果她结婚那天，却有很多的家长带着孩子不请自到，酒席定的不够，有些家长送上礼金就匆匆离去。这位老师觉得很不好意思，后来，又单独请这些送礼的家长一起吃饭。

这两个不同的例子说明，如果老师过于看重利益，家长们通常不会买账；如果老师为人清廉，家长们反倒会抓住一切机会向老师送上自己的“心意”。

其实孩子并不一定像大人想的那么复杂，尤其是低年级的孩子，他的想法只是：别人都给老师送礼物了，我也要送。至于是不是金项链，送多贵重的礼物，孩子并没有想过。家长不妨换个思路，调整心态，借这个机会教孩子学会感恩，同时向孩子传递健康的思维方式。老师结婚，是一件很高兴的事。家长可以利用这个机会启发孩子如何表达自己的心愿，比如送老师一幅自己画的画儿、一张漂亮的贺卡，在上面写上祝福的话，或者一朵美丽的鲜花……完全可以引导孩子用自己的方式来表达，孩子会很开心。如果家长愤怒地批评孩子不许攀比，或者告诉孩子没必要送东西，这是伤风败俗的事情，反倒会把世俗的观念带进孩子纯洁透明的心中，让孩子感到不安。

还有的家长会有这样的疑问，老师真的会对送礼金的那些孩子另眼相看或者特别照顾吗？

如果你的孩子足够优秀，你不需要刻意讨好老师，老师也会重视你的孩子；如果你的孩子不够优秀，即使老师对你的孩子特别照顾，也需要孩子自身的努力才行。至于老师会不会对别的孩子另眼相看，你完全没有关心的必要。

千万别做这种家长，自己不愿意做的事情，又看不得别人做。我认识一位张老师，她 50 岁生日的时候在酒店庆祝，虽然张老师并未将过生日的事情告知家长，但个别家长知道后前去参加酒宴，张老师只好热情地接待了。没想到后来有人将张

老师告到了教育局，说张老师以过生日的名义大肆宴请家长，收受礼金。张老师很是冤枉，她教了一辈子的书都清正廉洁，没想到临退休的时候却遇到这样的事情！经过调查，张老师洗清了自己身上的“罪名”。有家长告诉张老师，告她的是某某同学的家长，这位家长因为其他家长邀约她前去庆祝，她不想去，但又见不得别人去，所以便做了这样的事情。

当老师家有喜事时，别的家长送不送礼、怎么送礼、送多少礼都是别人的事情，与你无关。你要做的，只是坚定自己的立场，教育好自己的孩子。有些事情，你把它想得复杂，它永远比你想象的还要复杂。你将它定位为简单，那么，它也就变得简单了。

既然你已经知道老师结婚的消息，建议你可以引导孩子用手机短信的方式给老师送去真心的祝福，我想，这并不违背你的意愿吧！

## 孩子把老师的话当“圣旨”，对不对

我的女儿在上小学之前，因为一直是爷爷奶奶带，养成了一些不太好的小习惯，比如爱赖床啊、浪费粮食啊之类的，可自从上小学后，一天天改变了很多，“老师说”也成了她的口头禅。“老师说，要早睡早起！”所以她就每天按时起床；“老师说，要讲究卫生！”所以她主动刷牙、饭前便后洗手；“老师说，要爱惜粮食！”她就每顿吃得一粒米不剩……本来看到她慢慢改了很多坏习惯，我和她爸爸还挺开心的，觉得她能听老师话也挺好。可是到了后来，只要是老师说过的参考资料她都必须要买，老师推荐的兴趣班不管喜不喜欢，她也都要报，平时我们教育她的时候，她还总是拿老师的话来反驳，让我们很难堪。我就很担心，孩子过于把老师的话当成了“圣旨”，这样下去，她会不会没有自己的想法和判断力？

很多家长都有这样的体会，孩子上学以后，老师怎么

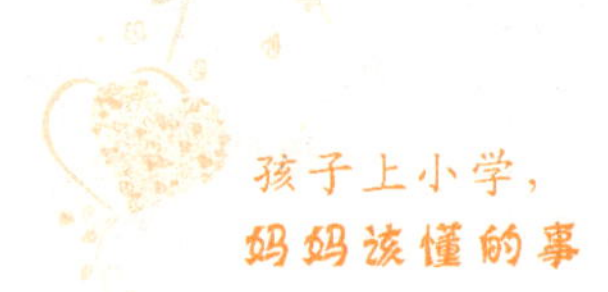



说，孩子就怎么做，家长也不得不照办，老师的话堪比圣旨。

其实这和学校环境有极大关系，在学校的规定里，听老师的话是一个好学生的标准。老师在班里，有着绝对的权威性，可以当众表扬一个孩子也可以当众批评一个孩子，可以给这个孩子荣誉也可以给那个孩子惩罚。一个班几十个孩子，没有父母撑腰，唯一面对的大人就是老师，老师自然成了权威的代表，老师的话也自然变成了所谓的圣旨。

孩子把老师的话当成圣旨有利有弊。好的地方是，孩子能养成良好的学习习惯，按时完成学习任务，有时在老师的帮助下，孩子还能改正一些坏习惯。比如，有的家长发现孩子有某方面的问题，会及时跟老师沟通，老师找到孩子，指出孩子的问题并要求孩子改正，这比家长的说教效果好很多。但如果老师说什么话，孩子都盲目听从，孩子慢慢会失去分析事物的能力，变得不愿意思考，不愿意创新。

作为家长，我也有切身体会。有个周五，女儿回家告诉我，老师说要写一篇观察日记，观察黄豆发芽的过程。我说好啊，你赶紧按照老师说的去泡黄豆吧！女儿按照老师的要求，在塑料杯里泡好黄豆以后，每隔一段时间就去观察它的变化，但是说实话，黄豆没有太大的变化，到了周日，黄豆也只是变成了浅黄色，因为喝饱水，体型变大了而已。这时候女儿急了，说："老师说过了黄豆会发芽的！可是它没发芽，我怎么写啊？”

“这样泡两天就一定会发芽？不可能吧！”我说。

“这是老师说的！”女儿不依不饶。

看到女儿如此激动，我只好说：“老师说的也许是特例，并不是所有黄豆都能在这么短的时间里发芽，没有发芽也可以写观察日记啊，比如你看，黄豆种子本来的颜色是大黄色的，但过了这两天，种子的外表有些淡了，且感觉有些透明，种子显得特别饱满，种皮也有点裂开。这些都可以写啊！”

女儿按照我的引导写好了这则观察日记，可是她始终念念不忘老师的话，一直念叨：“老师说过黄豆要发芽，我没写发芽，老师会不会……”

我不断安慰她：“不会的，很多事情都不是绝对的，肯定有很多小朋友泡的黄豆也没有发芽，你不用担心。如果你非要把没发芽的黄豆写成发芽了，老师知道的话，会认为你是在撒谎。如果老师因为你没写出黄豆发芽而批评你，妈妈会替你向老师解释。”听了我这么说，女儿总算放下心来。

家庭教育应与学校教育一致，形成一种合力，在对孩子有利的情况下，孩子听老师的话家长应该支持。孩子能按照老师的话去做，毕竟体现了孩子要求进步、积极向上的一面，如果老师的话都被孩子当成耳边风，无疑说明了孩子把一切都当成了无所谓。但是因为老师的能力、水平各有差异，当孩子盲目

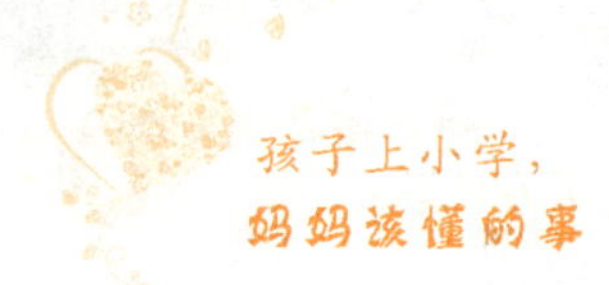


听从老师的话时，家长不必埋怨老师，应耐心向孩子说明道理，并舒缓孩子的情绪，必要时，家长也可以当着孩子的面给老师打电话沟通协调。

当孩子说“老师说”时，家长更多的应该是听和问，而不是直接抵触孩子：“老师说的就一定是对的吗？”如果老师推荐的参考资料孩子必须要买，家长可以问：“妈妈愿意给你买，可是你愿意都做吗？如果你买来只是为了应付老师，老师会更不开心的。”如果老师推荐的兴趣班孩子都要报，那家长可以说：“行啊。不过，你要想好，以后你几乎没有玩耍的时间，你做好准备了吗？或者我们有更好的方式来处理此事呢？”这样说，家长是以一种接受的心态来处理，并能很好地引导孩子进行自我思考。

在此提醒家长的是，“老师说”有时候可能是老师“被”说了，也就是说孩子假传圣旨，老师根本没说。孩子认为只要抬出老师来，自己的要求家长都会同意。这个时候，家长就要仔细分辨孩子说的话，如果发现孩子的话值得怀疑，家长可以说：“老师真的是这样说的啊，那妈妈打个电话问问老师详细情况。”孩子见状，下次也就不会再假传圣旨了。

当然，孩子的“假传圣旨”与刻意撒谎有着本质的区别，这个年龄的孩子“假传圣旨”多数原因是想达成自己的某种心愿或者赢得家长的表扬，并没有坏心思。遇到这样的情况，父母一定不要急着给孩子扣上撒谎的帽子，与其跟孩子较劲，非

要说孩子撒谎，最终把孩子给逼哭了，不如心平气和地告诉孩子：“老师没有说过这样的话，宝贝，也许是你听错了，下次一定要听清楚老师的话哦！”

# 孩子做作业磨蹭，怎么办

儿子学习坐不住，爱磨蹭。写1个小时的作业，站起来大概有10回，一会儿打开冰箱，看看有什么好吃的；一会儿玩玩橡皮擦，翻翻课外书；一会儿站在窗前，看看谁在外面玩儿。

每天放学回家，我总是叮嘱他："宝贝，快做作业，做完再玩。"可是，他总是口头答应，却一拖再拖，磨磨蹭蹭，迟迟不动手，直到我发脾气他才开始。有时到了睡觉时间，他还是没有完成作业。我一再督促，却总是白费口舌。我想尽办法，表扬、奖励、批评、惩罚，开始还好些，没坚持几天，孩子又故态复萌。更让我生气的是，上周学校开家长座谈会，孩子的班主任老师告诉我，孩子在学校做课堂作业也是如此，总是最后一个完成，有时考试的时候，也要老师催促好多次，才提笔，甚至完不成试卷。现在，孩子的成绩越来越差，对学习没有一点兴趣，我真不知道该怎么办。

做作业磨蹭是多数小学生的通病。我曾经问过那些爱磨蹭的孩子为什么总是喜欢拖延时间？孩子们很诚实地告诉我：“我们也不想磨蹭，但是每次做作业没几分钟，就觉得学习时间太漫长了，就想玩一玩。”结果时间花了不少，但作业却没做多少。

孩子为什么这样难以控制自己呢？原因是多方面的，但最主要的原因有两个，一是在孩子3岁之前，父母没有注意对孩子专注力的培养，使得孩子难以长时间集中在一件事情上。也就是说，孩子的习惯没有养好。二是孩子的学习兴趣低落，把学习当作是一种任务，硬着头皮应付，能拖就拖。

当孩子出现了做作业磨蹭的现象，家长或老师首先不能一味催促甚至责骂孩子。应采取一些巧妙的方法帮助孩子改正这一不良的学习习惯。首先，家长自己要给孩子树立学习的榜样，家长做任何事情就不能磨蹭，应让孩子看到家长高效率地完成一些事情。其次，不要总是批评孩子：“你太慢了！”“你快点行不行？”这样的负强化将会让孩子觉得自己的“慢”是理所当然，根本没有要改的决心。

很多妈妈往往在孩子刚踏进家门就说：“先去写作业吧！”而孩子想到马上要做作业了，就会感到恐惧，想用各种办法逃避写作业，比如去看电视、吃东西、喝水等等，就是不想坐下来写作业。妈妈往往不管孩子心里在想什么，只要看到孩子磨蹭不学习就生气，开始没好气地唠叨，或者批评、威胁一下，

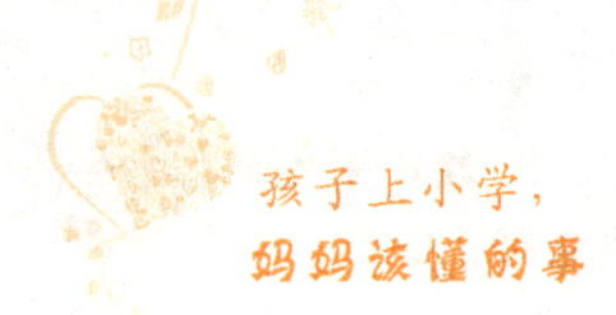


只要孩子开始学习就可以了。至于孩子在学习中能否找到乐趣，为什么不愿意学习等心结问题，妈妈一概不管。

其实，孩子每天在学校上课也是非常辛苦的。有的老师在课堂上也会布置很多作业让孩子们完成。我甚至见到过这样的老师，一旦身体上有稍许不舒服，或者不想上正课的时候，就会抱着一沓试卷去教室。让孩子完成试卷或做作业，也是老师乐得轻松的方法之一。

当孩子在学校已经做了很多的作业，小手已经很累了，回家连喘气的机会都没有，又被家长逼着做作业，可想而知他们的心情如何。

所以，妈妈们在孩子放学回家后，不必着急让孩子做作业，可以先让孩子放松半小时左右，趁这半小时和孩子交流一下学校的情况，再让孩子做作业。孩子也会感到家长的理解，不会对家长的要求产生抵触情绪，做起作业来也会更积极主动。

关于孩子做作业磨蹭的问题，最有效的措施就是要想办法提高孩子对学习的兴趣。有些小技巧可以推荐给各位妈妈。

可将孩子做作业的时间划分为几个小段，如半小时分为 3 个 10 分钟，让孩子在 10 分钟之类完成规定的作业，做完后休息两分钟再继续完成。别看只休息两分钟，但小孩子对时间往往没有多大的概念，他们会觉得只做了一小会儿作业就可以休息，真是太棒了，再开始做作业也会精神百倍，慢慢地，家长再把时间段加长。

在孩子做作业之前，家长可以和孩子约定比赛，在规定时间之内，家长必须完成某件事情，孩子也必须做完作业，看谁完成得又快又好。一般来说，孩子对于游戏和比赛的方式都会比较感兴趣。

家长还可以和孩子的班主任老师积极沟通，请求老师在班里狠狠表扬孩子做作业有进步，速度提高了，增强孩子的自信心。

有些家长还会使用小闹钟计时，贴五星等方式让孩子养成按时完成作业的习惯。当然，这些方式在低年级使用最好，如果低年级孩子没有养成好的学习习惯，到了高年级，家长就需要花更多的精力来帮助孩子改正。

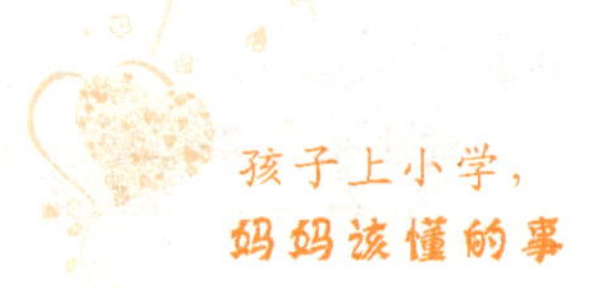



# 孩子爱“臭美”，妈妈把握“度”

我的女儿才上小学一年级，每天早晨她都会为穿哪件衣服和我争执好久，有时气温明明很低，她非要穿薄裙子，我怕她感冒，不要她穿，她就哭闹着不去上学……还有时，她回家会对我说：“我们班某某某穿的衣服可漂亮了，上面镶着珍珠，我也要买那种镶珍珠的衣服。”如果我不答应她，她又会和我赌气。最近有两次，我还发现她偷偷地用我梳妆台上的化妆品，吓得我把所有化妆品都锁起来了。大家都说，孩子是父母的镜子，孩子身上的行为都是受父母影响。但是，我平时很少化妆，穿着也属于大方朴素的类型。我不明白，怎么生了个这么“妖精”的女儿？我很担心，她从小就这样臭美，长大后会不会变得爱慕虚荣？我该怎么改变她呢？

你的担心是多余的，爱美和爱慕虚荣没有必然关系。爱美之心人皆有之，只是每个人的强弱程度不同而已。孩子开始爱美了，说明他的独立意识萌发了，孩子成了一个有主见的人了，家长应该感到高兴才是。孩子对衣服的颜色、式样有自己的喜好，而有时，大人往往以自己的观点左右孩子，孩子不愿服从，这就造成了双方的矛盾。其实家长完全可以尊重孩子自己的选择，如果害怕孩子感冒，可以给孩子穿一条厚一些的打底裤，或者让孩子在薄裙子外加一件外套。当然，家长必须带着开心的语气说：“这样穿很有范儿，很时尚！”这样孩子就会容易接受。假若孩子还是不接受，执意想按照自己的想法，父母就任她去尝试，等孩子自己尝到苦头也就明白了。

好多小姑娘都喜欢穿裙子，我小时候也是。那时我们家的经济条件不好，除了夏天有几条薄薄的裙子，其他季节根本不可能穿裙子。看到有同学在春秋穿那种毛线织的裙子，我满心羡慕，但又不好意思向妈妈开口。有一天，临近四月，阳光明媚，我迫不及待地拿出夏天的薄裙子套在身上，光脚穿着一双凉鞋就去上学了。妈妈没有干涉我，只是对我说：“你这样穿会冷啊！”“不会！”我当时穿裙子的兴奋能抵挡住一切寒冷！果然，第二天我就感冒了，发烧咳嗽不止，在家里休息了好几天。后来，我再也不敢在不合适的季节穿裙子了。

孩子爱美没有错，关键是如何引导孩子正确看待美。鼓励孩子爱美的同时，教育孩子什么是真正的美，告诉他们真正的美必须符合自己的年龄和身份。适当的爱美有助于培养孩子的自信与气质，有助于孩子与其他小朋友的交往。只要把这个度把握好，让孩子从小美美的，有什么不好呢？

我教过一个学生叫可儿，小姑娘长得不漂亮，可是很爱美，却不会打扮，经常把头发梳得乱七八糟，有时还戴些花花绿绿的首饰到学校，同学们都爱嘲笑她，但她依然我行我素，觉得自己很美。有一天上语文课，可儿的同桌举手告状："饶老师，可儿画了眉毛，抹了口红，还涂了指甲油！"

"真是臭美！"

"有一次我还看见她穿她妈的高跟鞋。"

"你看她的头发像疯婆子！"

"又丑又笨！"

……

班里一阵哄笑，后来可儿把头埋在臂弯里"呜呜"地哭起来。

"继续上课。"我没有发表任何评论，示意大家继续上课。

下课后，我牵着可儿去我办公室，用毛巾把她的脸洗干净，然后从包里拿出一根橡皮筋帮她把散乱的头发扎成一束马尾。

我问她："你平常都是自己梳头吗？"

"嗯。"她点点头，说，"我妈妈一大早就要出去摆小摊，都是我自己穿衣服自己梳头。"

"那你真能干，像我一样。我从小也很会自己梳头，梳各种马尾，还扎小辫儿呢！"

"那你现在为什么总是披着头发呢？"可儿歪着头问我。

“因为我现在是大人了啊，小姑娘和大人的发型是不同的，小姑娘还是要把头发扎起来，又干净又漂亮！我现在多想回到过去扎辫子的年龄，可惜回不去了！所以，我特别喜欢看你们甩动马尾的样子，活泼又可爱。”

我握着可儿的手，她紧紧地攥着拳头，怕我看见她涂的指甲油。我装作不知，对她说：“‘美丽’这个词包含的东西太多了，外貌、打扮、学识、涵养……你们在老师眼中都是美丽的，因为你们都很纯真。这个年龄的你们，纯真就是最美的。”

从那以后，可儿再没有打扮得稀奇古怪的来上学了。她的故事也被我写进了我的儿童小说里，没想到有好多小读者都喜欢这个故事。

孩子开始爱美了，家长和老师应该好好利用这个契机，帮孩子树立正确的审美观，让孩子意识到不同的年龄段、不同的场合对美有不同的要求。不把奢侈当作美，不把炫耀当作美，不把攀比当作美，不把怪异当作美。对学生来说，自然的、清纯的、健康的美才能得到大家的欣赏和赞许。

关于孩子使用大人化妆品的问题，我也有很真实的感受。孩子对大人的化妆品都是充满好奇心的，如果你只是批评孩子，或者不让孩子接触，不满足她们的好奇心，她们下次还会想方设法地去玩弄化妆品。记得我女儿 4 岁的时候，有一天，我下班回家，看见她的两个眼圈黑乎乎的，像大熊猫一样。我吓了一跳，问她：“你抹了什么？”她冲进我的卧室拿着一支睫

毛膏出来对我晃晃说：“这个！”我哭笑不得，赶紧帮她把脸洗干净，然后带她到我的梳妆台前，给她讲每一种化妆品的不同用法，并让她都尝试一下。她听得津津有味，还不时地问我：“妈妈，我什么时候才可以用这些东西啊？”我告诉她：“你长大了以后就可以用了。”

“长大是多大呢？”

“18 岁以后吧！”

“为什么现在不能用呢？”

“因为这些东西都含有化学成分，你现在用的话，会伤害你娇嫩的皮肤，你会提前衰老。”

“哦。”她若有所思地点点头。

后来，女儿再也没有动过我梳妆台上的化妆品。

孩子在成长过程中会遇到各种各样的问题，关键是我们做父母的怎样去引导。孩子正是在一个个问题的出现与解决的过程中才慢慢成长、学会独立面对生活的。

针对孩子的爱美行为，家长首先要以身作则，自己打扮得大方、得体，并具有一定的时尚感，同时要告诉孩子美所包含的种种内涵，不同年龄、不同个性要体现不同的美。家长可以经常和孩子讨论什么是美，也可以在自己的穿衣打扮上征求孩子的意见。给孩子买衣服的时候，尽量带孩子一同挑选，并给予搭配的建议。从小培养孩子对美的品味和追求，不仅能完善孩子个人的生活习惯，还有利于他的人际交往，甚至关系到他今后事业的成功。

如果孩子为了美，提出过分的要求，家长应当果断制止，并告诉孩子制止的原因。家长也可借助亲戚、老师的帮助给孩子合理的建议，还可利用孩子爱美的时机提高孩子管理自己的能力，如：让孩子将已有的衣服搭配穿出最好的效果，让孩子对自己的衣服进行清洗、整理、收存等，同时指导孩子在合适的场合做合适的打扮，充分提高孩子的审美意识。老师也可以在班里开展“最美女生”“最帅男生”“最美家长”等活动的评选，引导学生懂得什么是真正的美。

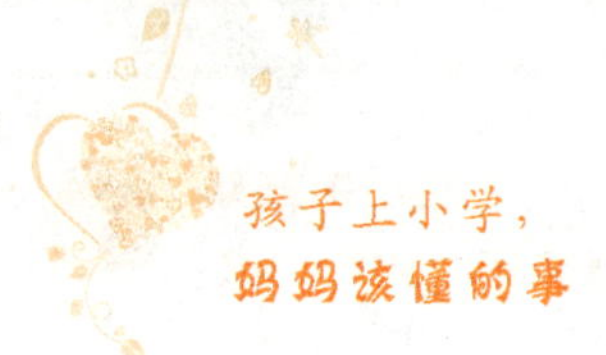



# 孩子被体罚，家长怎么办

有一天，孩子放学回家，我发现他的手背上有一块淤青，一问才知道是他上课做作业不认真被班主任掐的。我当时很生气，觉得即便是孩子有错误，老师也不能用这种方式对待孩子啊？这不是体罚吗？经过认真考虑之后，我第二天去学校亲自找到老师，说："老师，如果孩子有什么不对的地方，您告诉我们，我们一定严加教育，但请您不要伤害我的孩子。"老师一听，立即向我和孩子都道歉了。我觉得老师的态度很好，也就原谅了她。但是后来我发现老师好像不管我的孩子了，一切放任自流，孩子在学校里有什么事她也不跟我们沟通了。有几次，我检查孩子的练习册，有好多没完成的空白页，老师也没有告诉我们。我现在回想，是不是那一次去找老师理论，让老师不要伤害孩子的事情，我处理得不恰当呢？现在我该怎么做呢？

一般情况下，老师是不会无缘无故地体罚一个孩子的，因为老师和学生从来不是仇人。有责任心的老师都会在乎注重学生的发展，严格要求学生。古人云：“教不严，师之惰。”老师严格管教学生的初衷也是为孩子好，是对孩子负责。反之，如果老师对孩子的错误行为不闻不问，任其发展，那就是在害孩子，让孩子在仁慈、原谅的惯性下加倍放纵。如果老师们都这样想着：“我只管埋头教书，懒得管教学生，做一个懒老师总比被家长投诉好。”那教育就有些悲哀，学生可真惨了。

但老师也是普通人，有时难免控制不住自己的情绪，对学生有一些适当的责罚。如果责罚没对孩子造成身体或心灵的伤害，家长都应给予理解和配合；如果家长发现孩子在学校里被老师体罚受伤了，首先要保持冷静，然后问明事实最重要。

小曾放学回家，曾爸爸看到他的耳朵很红，一问，才知道是美术老师揪了他的耳朵。虽然小曾平时比较调皮，但曾爸爸认为，老师这样对孩子也太过分了。曾爸爸努力让自己冷静下来，问小曾：“老师为什么会揪你的耳朵？你跟爸爸说实话，爸爸不会骂你。”小曾说：“因为我在上课的时候发怪声，引起大家哄堂大笑，老师让我站起来，我不愿意，老师便揪着我的耳朵扯我起来。”

曾爸爸知道事情的真相后，严肃地告诉小曾：“你在上课时发怪声扰乱课堂纪律肯定是不对的，老师让你站起来也在情理之中，如果你听老师的话，老师就不会揪你耳朵，所以这件事情首先是你的错。”

“但老师凭什么揪我起来啊？让我多没面子！”小曾不服。

“也许老师是一时生气，人在冲动的情况下总会做出不理智的事情，就像爸爸有时也会打你一样，但事后，往往会为自己的冲动后悔。所以你以后也不能在冲动之下做事。”

曾爸爸教育了孩子后，第二天主动到学校找到小曾的美术老师，询问事情的经过是不是和小曾说的一样，并表示对小曾不遵守课堂纪律一事，家长已经进行了教育，小曾也知道自己错了，会主动向老师认错。对于曾爸爸的理解，美术老师很感动，赶紧说道：“我当时也太冲动了，还将小曾从座位上揪起来，不知道小曾同学有没有受伤？我也应该向他道歉才是。”

因为曾爸爸的理智处理，这件事不但教育了孩子，也让老师反思了自己的教育方式。

而你在发现老师掐了孩子后，去学校找老师交流时，没有询问事情的经过，直接提出老师的不是，这样的处理方式显然不太恰当，不仅让老师当众下不了台，觉得很尴尬，也让老师小心翼翼，不敢再“管”孩子，造成孩子被放任自流的情况。

但事情已经发生，建议你再找个合适的机会私下和老师进行耐心细致的交流，告诉老师：孩子确实有错在先，家长已经教育了孩子，希望老师能继续严格要求孩子，双方共同配合想出更好的方法来教育孩子。

当然，如果老师对学生的责罚过度，给孩子造成了身体或心灵上的严重伤害，那么家长可以和当事老师以及校方进行必要的交涉，根据《教师法》的相关规定，体罚学生过度的老师是应该承担一定责任的。

有时候，某些老师对孩子心灵上的伤害远远超过肉体上的伤害。我就亲耳听见有老师当众这样骂学生：“你真是有娘生没娘养！”“如果你是我的孩子，我早掐死你了！”“可见你的家长多么没有素质！”“我遇到你，真是倒了八辈子的霉！”“这道题白痴都懂，你也不懂！”……

这些话语会伤害孩子们幼小的心灵，而他们往往都不懂这是多么严重的“体罚”，回家也不会对大人提及，却认为是自己不好，只有自己默默承受，越来越自卑，越来越封闭自己。

因此家长平时要多与老师沟通，更要与自己的孩子沟通，了解孩子在学校的情况，了解他们和老师、同学相处得如何。

当然，你不能直接问：“孩子，有同学欺负你吗？有老师打你骂你吗？”这样问，孩子多半不会说。你可以换一种方式，比如这样问孩子：“你在学校快乐吗？你的好朋友是谁，为什么和他做好朋友？你最喜欢哪个老师？为什么？最不喜欢哪个老师？为什么呢？”

这种交流的方式孩子能够愉快地接受，并且告诉你他的心里话，也能让你及时了解他成长过程中的一些问题，做出必要的指导和帮助。

# 习惯养成期：和老师打好配合战

# 怎么教孩子写好作文

我的孩子基础知识还算过关，可就是不会写作文。每一次写作文，他绞尽脑汁，也只能写两三句话，而且还不通顺。于是，我把他送到作文补习班，可是孩子在作文班会写，一回家又不会写了，考试写作文时，更是急得哭鼻子。我和孩子的老师交换意见，老师说让孩子多阅读多练笔。于是，我就买了很多课外书放在家里让孩子读。但那些书放在家里形同虚设，孩子根本不看，每次我让他看，他都不耐烦，随便翻翻就跑去看电视了！于是，我总是骂他："你不会写作文还好意思看电视？"他还顶嘴道："你难道会写作文吗？"孩子确实说对了，我从小写作就很差，现在在单位写个什么总结还绞尽脑汁。我不知道是不是因为遗传，也完全不知道怎么去教孩子写作文。

要让孩子爱上阅读写好作文，最重要的不是"教"，而是引导。没有哪个孩子天生喜欢阅读，爱读书的孩子都离不开父

母潜移默化的引导。有些家庭物质条件很富有，家里什么都有却找不到一两本书。有些家庭舍得为孩子买书，但是家长只顾买，却从不管孩子读没读。

如果你问一个作家：“你是怎么爱上写作的?”我想 100 个作家中，有 99 个都会说：“我从小喜欢阅读。”

阅读，是孩子通往写作之门的必经之路。而亲子阅读，更是带领孩子走进阅读之门的一把钥匙。

孩子的性格不同，家长引导孩子开启阅读之门的方式也要有所不同。有的孩子喜欢陪伴，父母可以和孩子共读一本书；有的孩子喜欢独立不被打扰，父母可以给孩子创造一个阅读的空间，然后在暗中观察，侧面引导；还有的孩子腼腆内向不善表达，父母可以带头有感情地朗读文章，甚至带上肢体表演，感染孩子，让孩子参与其中，体会阅读的快乐！周末，一家人也可以在晚饭后开展家庭诵读会，分享阅读的乐趣。总之，要想让孩子爱上阅读，大人首先就应该以身作则，离开电视机，离开电脑桌，和孩子一起享受阅读！

此外，一个家要努力创造阅读的氛围，没有书房，至少要有个书架。书籍，在家里应该是随处可见的东西，孩子随手就能拿到并进行阅读。给孩子买书，尽量每月抽固定的时间带孩子去实体书店。让孩子摸摸、看看、翻翻书，感受书香。当然，通过网络书店买书价格更便宜。两全其美的方法是：先让孩子去书店亲自挑选一些自己喜欢的书，观察孩子对哪类书籍最感兴趣。家长可再在网上购买此类书籍。家长若想给孩子推荐一些优秀的图书，可以先给孩子讲讲这些书上精彩的内容，激发孩子阅读的兴趣。买书，一次别买太多，更不要给孩子买大部头的书籍或几十本的全集，否则会让孩子产生阅读的压力和负担，关闭他想要读书的大门。

如果父母能这样坚持一段时间，孩子的表达能力将会有很大的提高，语感也更丰富，写作文时便有话可说，并且还能用到一些好词佳句，作文自然会进步了。这时，父母要针对孩子的进步进行及时的表扬，并且表扬要恰到好处，内容具体，如称赞孩子哪个词用得好、哪句话有特色，让孩子对写作产生热情。

家长还要有这样的认识：孩子会写作文并不等同于能写好作文。好的作文补习班的确能教孩子一些写作的技巧，让孩子会写作文，但若想让孩子写好作文，关键一点还是要让孩子形成自己独特的文字风格。

一个多年参与高考作文评分的老师曾经说：“在评判高考作文时，往往那种特别的文风、不同寻常的文章结构和有独到观点的作文会让我眼前一亮，判高分或者满分，这样的文章不多，多数的文章还是传统的、平常的、没有亮点的。”

再看看那些成名的、有影响力的作家，也都有代表自己鲜明特色的作品。

因此，让孩子从小形成自己独特的文风，不要人云亦云，总是模仿别人，这也是老师和家长要特别注意的。如果一个班几十个孩子，写出来的作文内容、结构、词句用法都大同小异，这个班的语文老师可以说是失败的。我曾经听到一个老师这样教班里的学生：写考试作文，字数必须写满格再多一排，开头必须怎样，结尾必须怎样……这让人实在是不敢恭维。我也在评卷中改到过一个班级所有的作文都像是一个模子里刻出来的，虽然这样的教学对老师来说，班里的整体成绩没有风险，但是却扼杀了多少孩子的想象力和创造力啊！

每个孩子都应该写出特色作文，正如每个孩子都应该是独一无二的自己。

我很喜欢一句话，和大家分享："如果你只能给孩子买一件礼物，请给他买书吧；如果你只能陪孩子玩一种游戏，请陪他读书吧！"

## 孩子写作文，可以胡编乱造吗

我儿子今年上小学三年级了，平时很喜欢看课外书，也很喜欢上作文课。有一天他放学回来，一开门就很得意地冲到厨房跟我说："妈妈，妈妈，我的作文受到老师表扬啦！还被当成范文在全班朗读呢！"听到这话，我高兴极了，就让他吃完晚饭后把作文拿出来和爸爸妈妈分享一下，结果一看到作文我就傻了。作文题目是《我的爸爸》，儿子写得倒是特别感人，说爸爸得了癌症，但顽强地和病魔斗争，还一天打两份工维持家庭。可问题是，他的爸爸很健康，工作也早出晚归很稳定，这样写不是在说谎吗？老师给了儿子作文高分，还予以肯定和表扬，这不是在鼓励孩子说谎吗？我就问儿子，可他满不在乎地说："这有什么关系呢，好多同学都是这样写的，有的说爸爸身残志坚，还有的说爸爸勇斗歹徒死了的，老师都没说不行啊，还夸他们写得好呢。"看孩子这么轻松地一说，我心里更担忧了，写作文也不能这么瞎编乱造、轻松撒谎啊？可我要去找老师聊这个事儿，她会不会觉得我小题大做呢？

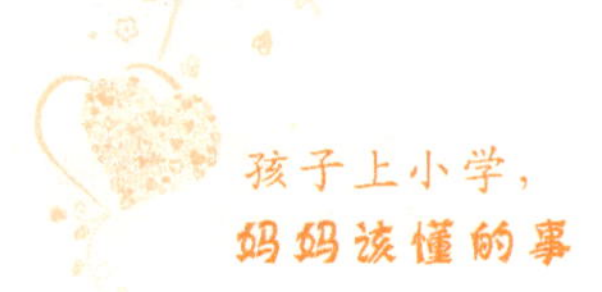



柏拉图说："一切事情都是开头最关重要，尤其是对年幼者。"小学三年级，孩子刚刚接触作文，对作文是好奇的、有兴趣的。可为什么有的孩子对写作文越来越没有兴趣，甚至提到作文就头疼呢？这大致有两种原因：一是孩子在写作中找不到自信，逐渐厌倦；二是孩子缺乏对生活的体验，没有写作的热情。

当孩子的作文第一次受到老师的表扬时，他是非常开心的。这时候，父母要抓住这个契机，激发起孩子的兴趣。不要太过关注孩子写作的内容是否尽如人意，因为对初学作文的孩子来说，兴趣比什么都重要。

一段时间过后，当孩子推开了写作的大门，就需要父母进一步的引导。这种引导不是刻意地指出："你写作文不应该胡编乱造。"而是应该在生活里潜移默化地传达给孩子，比如：多给孩子买一些高品质的文学作品，让孩子体会作者的真情实感；也可以和孩子讨论作品中最打动人心的地方，让孩子明白："好的文章必须要打动自己才能打动别人。"更重要的是，鼓励孩子写身边的事情，写眼睛所看到、心中所想到的事情，让孩子知道"小事不小，细节重要"。

没有生活体验的孩子往往也喜欢写"假大空"的作文，这需要父母尽自己的能力，多带孩子外出游玩，让孩子亲近大自然，尽情玩耍。玩耍的过程中，不一定非让孩子观察什么，玩就是玩，只要孩子玩得高兴就行，玩高兴了，如果要写，把他高兴的理由写出来就挺好。如果孩子不愿意写，父母可以让他说说也行。千万不要每次带孩子游玩后，勉强孩子写一篇作文，否则，玩也玩不好，写也写不好，孩子会认为游玩就是为了写作文，慢慢地连玩的兴趣都没了，更别说写了。

作文胡编乱造，这是很多孩子的通病，其实对老师来说，不是不知道孩子是编造的，但迫于考试的压力，有的老师也会睁一只眼闭一只眼，只要孩子考试过关即可。但我认为，如果要求学生在日常生活中要做一个诚实的人，而又容忍他们在作文中大肆造假，这种反差教育只能带来人生价值的混乱，对他们的成长有百害而无一利。所以，我会经常告诉我的学生，不管你的文章写得好不好，先从真实开始，这样才能眼可见物心中想事。当然，如果发现学生的作文胡编乱造，我也不会严厉批评他，只会给他这样的评语："这件事情好像不太真实哦！真实的才是最好的！"孩子们看到这样的评语后，下次往往也不好意思胡编乱造了。

至于你说要不要找老师聊聊此事，我觉得可以，但是你在表达自己观点的时候一定要委婉。千万不要直接指出："老师，我的孩子作文是编的，你怎么还表扬他呢？"这样说，老师会以为你在质疑他的教学水平，难免心中不悦。在和老师的交流中，你应该首先肯定老师对孩子的鼓励激发了孩子写作的兴趣，感谢老师。接着，你可以和老师探讨一下如何提高孩子的

写作水平，在探讨的过程中，让老师知道你希望孩子写真实的、有情感的文章。

在培养孩子写作的过程中，千万不要指责孩子写得不好，这样做的后果只能让他们更加怕写作文，当发现孩子作文中有比较好的句子或者词语，哪怕只有一个，也应当给予孩子赞美，这比批评他写得不好，孩子的进步要快得多。

特别要提醒家长和老师一点，现在很多孩子都喜欢看幻想故事，喜欢写想象作文。对初学作文的孩子来说，合理想象与胡乱编造很难区别，但是这不等于说两者没有区别，作文当中的想象，是建立在作者真实表达的主题上，这样写出来，读者看了才不觉得空虚、不切实际。

培养孩子的想象力，也是作文教学的关键。就我的经验，想象的基础并非“想象”，而是“事实”。无论教哪个年级，我都会先在写实上下苦功，指导学生把熟悉的人、事物、事件描述清楚，“写实”是“想象”的基础，就像“行走”是“奔跑”的基础一样。引导学生观察生活，学会从熟悉的生活中去发现、去选择、去提炼，学生才不会乱想、假想、空想。

总之，只要老师和家长善于引导，孩子一定会写出“真情实感”的好文章，做一个诚信之人。

## 巧治孩子上课不专心

孩子上三年级，平时成绩马马虎虎，但一直有个很大的缺点，就是上课不专心。老师多次反映，孩子上课时手里总是不离东西，一支钢笔、一块橡皮擦，甚至一张废纸他都能玩好久。有一次上课，他因为靠墙坐，居然把手指插到了暖气片的缝隙里，费了好大劲才拿出来，手指都划破了。我们也多次和孩子谈心，问他为什么不能专心听课，他总是说："我也不知道，就是控制不住自己。"为此，我很焦虑，我怕孩子这样下去，到了高年级成绩会下降，应该怎么办呢？

其实，孩子上课不专心，有很多原因：老师上课不精彩，无法吸引孩子的注意力；孩子专注力不够，很难长时间专注于某件事情；孩子有心事，无法专心听课；孩子在课堂上少有机会证明自己，难以树立自信心……所以当老师和家长发现孩子上课不专心时，不能把所有的责任都推给孩子，一味指责孩子，而应该首先找到孩子不专心听课的原因，有针对性地给予

孩子帮助。

家长可以告诉孩子：“上课认真听讲是尊重老师的表现，假如你是老师，你站在讲台上讲课，你的学生在下面都不听你讲课，你会怎么想？”多让孩子换位思考。必要时，家长和老师还可以共同协商，在班里开展“今天，我是老师”的活动，让孩子真正体会做老师的辛苦。

要让孩子上课专心听讲，一味地讲道理不如用些幽默有趣的方式。幽默感对老师和家长都适用。当你责骂孩子时，你不妨想想“孩子的这些问题，在我小时候好像也有过哦！”这样，你就会发自内心地笑了。幽默在教育中很有帮助，它使人明白“退一步海阔天空”的道理。

我有一个学生叫阿杰，是班里典型的“说话大王”。只要一上课，他的话匣子就打开了，周围的几个同学都被他打扰的不得安宁。家长们也直接找到阿杰的妈妈投诉，请她管教好自己的孩子。

有一天早晨，我看见阿杰戴着一个很可爱的卡通口罩走进教室，我关心地问他：“怎么啦？是哪里不舒服吗？”

他对我摇摇头，摘下口罩认真地说：“这是妈妈让我戴的禁言口罩，她说只有上课举手发言的时候才能摘下来，否则，就是犯规。她还让您监督我呢！我犯规了回家要受惩罚，呜呜……”阿杰假哭着，实则开心得不得了。

“什么惩罚啊？”我问。

“罚我周末不能玩游戏呗，我可不干，只好禁言了！”说完，阿杰一本正经地戴上了口罩。

阿杰妈妈的这一招还真管用，在此后很长一段时间里，阿杰上课都没有说废话了，而且，有几个爱讲话的孩子，还纷纷效仿阿杰，戴上可爱的口罩来上学，可能，他们觉得这样很潮吧！总之，小孩子的心理，不都是大人能读懂的！

经过这些年和孩子们打交道，我也渐渐悟出：很多时候，面对这些性格各异的小家伙，在教育上不必一本正经，更不必气急败坏大呼小叫，只要用爱，再加上一点幽默感和小创意，一样能让孩子改掉某些坏习惯。对老师，对家长，都是如此。

作为老师来说，如果你的学生上课总是难以专心，你要检查自己的教学是否有问题，是否不够精彩，不能吸引孩子的注意？老师教的内容太深或太浅、太刻板太枯燥都不能引起孩子的注意，容易让孩子分心。为什么很多孩子看电视会聚精会神？那就是因为电视节目能紧紧抓住他的心。所以老师也要多花心思，钻研自己的教学方法，精彩的课堂也能避免学生上课分心。老师还可以和不爱专心听讲的学生约定，上课尽量看老师的眼睛，并让眼睛跟随老师移动。老师也要适时给学生特别的眼神作鼓励，并保证：这可是我们两人才有的秘密噢。

作为家长来说，你的孩子上课不专心，首先你要了解孩子爱分心的原因，用一些有趣的方式帮助孩子解决问题。必要时也可以请求老师的帮助，让老师在课堂上抓住孩子认真听讲的时机，当众表扬孩子，树立起孩子的自信心，让他感到在课堂上的成功感。这样，不仅可以密切师生关系，孩子在上课时也会更加认真。

# “粗心”是孩子的通病吗

目前我的孩子在学习中遇到的最大问题就是粗心大意，比如在考试中，爱把数字抄错，爱把字写错，甚至做漏题。每天，我给她检查回家作业，都会发现她有这样那样的小错误。帮她指出来后，她就马上修改。“你为什么总是粗心？你怎么才能改掉粗心的毛病呢？”当我责怪她的时候，她总是满不在乎地说：“我们班粗心的同学多着呢！”虽然我也知道粗心是孩子的通病，但是如果不改掉粗心的毛病，就永远不能取得好成绩。我也曾问过孩子的老师，该如何让孩子克服粗心的毛病，老师似乎也说不出一个具体的好办法，只是说：“多鼓励孩子，慢慢来吧！”我可不想慢慢来，希望有立竿见影的好办法帮助孩子变得仔细。

确实，很多孩子在小学阶段都会有粗心大意的毛病。有时候家长问老师：“我的小孩好像什么都懂，为什么总是得不到高分？”老师也分析不出太多的原因，只能用两个字概括：“粗心”。这样，家长就会给孩子一些心理暗示：“你怎么总是这么

粗心？”“你仔细点不行吗？”“你知道吗，你最大的毛病就是粗心，改掉就好了。”久而久之，孩子就会在心理上认为自己真是个“粗心”的人。其实，家长何不换一种方式，将目光放在孩子“细心”的事情上，让孩子得到一种“细心”的心理暗示呢？

我教过这样一个孩子，他是个十分聪明外向的小男孩，叫小柯。可是他每次做作业不是把“5”写成“3”，就是把字多写一笔或者少写一笔，每次考试，都会不必要地失分。别人问他：“小柯，你有缺点吗？”他总是很骄傲地回答：“妈妈说我只有一个缺点，就是粗心。”小柯妈很担心，不知该拿他怎么办，找我倾诉。我细心地了解了小柯在家的情况：每天他回到家就在妈妈的催促下做作业，必须做完作业才能玩。于是，小柯总是很草率地做作业，动作飞快，因为他就想赶着看5点半播放的自己喜欢的动画片。所以，每次作业都会有很多错误，妈妈急得不行，就采取了惩罚，但是小柯对惩罚特别抵触，总是又哭又闹，弄得家庭气氛十分不和谐。我们做家长的这一代，从小都会被灌输一种概念：“必须做完作业才能玩耍”。但是这种概念是否对现在的小孩都适用呢？美国新近兴起“好好玩耍，好好读书”的教育模式，让孩子自主拟订游戏与读书计划，其原理即在此。据报道，孩子拟订的计划，几乎都是先玩再做作业，结果做作业粗心的现象大有改观。这个方法值得我们做家长的借鉴。家长可以和孩子商量：“你今天的作业是先玩后做，还是先做后玩？”孩子在经过自己做决定后，一定会好好地做作业，并且做作业时心也踏实了许多。

小柯妈改变了自己的教育方式，让小柯自主地安排做作业的时间。果真，小柯做作业的准确率明显高出了许多。同时，小柯妈还尽量在生活中发现小柯的细心之处，比如小柯很爱惜自己的玩具，他的玩具很少被破坏；小柯还很注意观察家里养的小鱼，总是不忘给它们喂食、换水。小柯妈故意在老师和其他人面前赞扬小柯是个细心的孩子，让小柯觉得自己不再是粗心的小孩，考试时小柯做题也特别认真，粗心的毛病得到了很大的改善。

还有一些帮助孩子克服粗心的小方法可以推荐给你：（1）不要让孩子太依赖橡皮。橡皮是造成马虎的一个根源，反正错了可以擦，于是错了擦、擦了错，孩子不在乎。家长可以和孩子约定：今天做作业只能用两次橡皮擦哦！这样孩子会更加仔细。（2）让孩子学会自己检查。有些家长总怕孩子错题，得不了高分，于是天天给孩子检查作业。这样做使孩子养成了依赖心理——反正错了家长能给检查出来，所以做题时马马虎虎。家长有时可以让孩子自己检查自己的作业，等孩子检查完，父母做评定，对孩子的进步提出表扬或者奖励，孩子马虎的毛病才能克服。

孩子出现的所有问题，都没有立竿见影的好办法可以解决。孩子成长的过程也在考验家长的耐心、爱心和责任心。所以，当家长想要帮助孩子纠正某个问题的时候，一定不要过于激进，多给孩子一些时间，一般来说 21 天的有效坚持，就能改变一个习惯。

## 孩子不上兴趣班会输在起跑线上吗

在儿子多多上小学之前，我一直反对让孩子上兴趣班，因为我觉得孩子的天性是“玩”，我希望多多的童年能玩得好，留下美好的回忆。但是当多多进入小学之后，班里的同学都会这样那样的特长：钢琴、跆拳道、美术、舞蹈、演讲、声乐……而我家多多什么也不会！家长座谈会上，班主任老师也说希望孩子们全面发展，最好每个孩子都能有一两项特长。我一下子感到了前所未有的恐慌。

每当家长们聚在一起讨论关于孩子兴趣的话题时，我总是插不上嘴，觉得自己像个异类家长。于是，我赶紧询问多多，喜欢学习什么。多多一下子选了两个班：跆拳道和美术。

很快，我也加入了周末送孩子去兴趣班的家长队伍中。我就像是吃了一颗定心丸，一下子轻松了许多。但是好景不长，我又有了新的烦恼。多多去练了几次跆拳道，就嚷着不去了。说是太累而且教练很凶。美术班他也是勉强念完第一期，第二期说什么也不去了。看到多多这么没

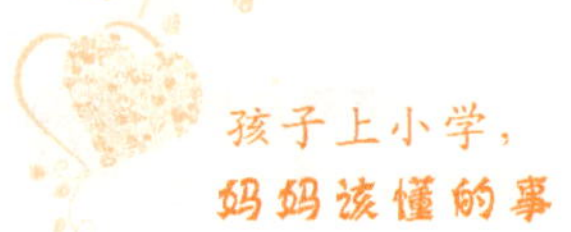



有耐性，我就批评他半途而废，以后会一事无成的。但是孩子不但没有反省，还顶撞我："我就是不想去了，你为什么非要逼我？你喜欢学特长你自己去学好了，你是你我是我！"

孩子的爸爸叫我别再逼孩子，多多的兴趣班生涯也暂时结束了，但是我心中一直很忐忑，别的孩子都在学，我的孩子不学，总担心孩子会输在起跑线上。

家长不必为孩子上不上兴趣班的事情焦虑。兴趣，不是与生俱来的，都是孩子在成长的过程中慢慢形成的，孩子也需要不断的尝试和摸索才能找到自己真正的兴趣。家长应尊重孩子"喜新厌旧"不能持之以恒的心理，不要将自身的焦虑转嫁给孩子，不对孩子寄予过高的期望，哪怕孩子半途而废，也不要责骂打击孩子，让孩子大胆地接受不同兴趣的刺激，他才能在众多兴趣中发现自己真正喜欢的是什么。

让孩子上兴趣班的意义，就是帮助孩子发现自己的兴趣、培养兴趣，只有让兴趣班还原它本身的意义，孩子才会有所收获。如果一个孩子在上了很多兴趣班以后都不感兴趣，就不必再勉强，世上的兴趣千千万万：天文地理、琴棋书画、花鸟虫鱼、衣食住行、吃喝玩乐……不是小小的兴趣班能包含的。而且，兴趣是贯穿一生的，不在于年龄的大小，只要你有一双发现的眼睛，有对生活无尽的热情，随时随地都能发现自己的兴趣。鲁迅 38 岁才开始写作，梵高 27 岁才开始画画，但他们都在自己的领域取得了辉煌的成绩。还有一些时尚达人，玩手指、练腹语、搞行为艺术……各有各的精彩。

不过，如果家长让孩子上兴趣班的意义带有某种功利色彩——孩子本身没有那种兴趣，但家长为了让孩子升学时加分或者是为了念艺校而学之——家长可以明确告诉孩子你的目的，如果孩子愿意那未尝不可，如果孩子不愿意就切不可勉强。我曾经教过一个女生，因为高二的时候文化知识课不是很理想，老师就建议她去学画画，以后考艺术专业，文化分要求更低。孩子虽然十分不喜欢画画，但是还是在父母的软硬兼施下去学习，经过两年的辛苦学习，女孩总算考上了美术学院，但因短时间的强化训练，孩子对画画已经达到了深恶痛绝的地步，最后，也未能顺利毕业。

联合国《儿童权利公约》中规定："儿童有权享有休息和闲暇，从事与儿童年龄相宜的游戏和娱乐活动，以及自由参加文化生活和艺术生活。"但我们的很多孩子却没有自己的空间，过早地被戴上了沉重的希望和功利的学习枷锁，致使他们的创新意识和想象能力减退。作为老师，我也会经常观察班里的孩子，有些从没上过兴趣班的孩子在思维方式上和那些被很多兴趣班束缚的孩子是不同的，相比较之下，前者的想象力和创新意识都更加丰富。

孩子进入小学以后，每天都会有一定的学习任务，参加过多的兴趣班只会加重孩子的学习负担，让孩子没有玩耍的时间。建议家长和孩子商量，只选择一个孩子最喜欢的兴趣班来学习。家长不要带着攀比的心理盲目跟风，强迫孩子上不感兴趣的兴趣班，这样做不仅浪费了大量的金钱和精力，还破坏了美好的亲子感情。

在孩子报名之前，家长应考虑到：兴趣班学生的普遍年龄是否和孩子相仿，兴趣班的办学资质是否如你所愿，当然，最重要的是，兴趣班的老师是不是真的像宣传的那么好，好的老师是孩子的引路人，能将孩子引入兴趣之门。但是现在兴趣班的师资队伍中也隐藏着一些为了混口饭吃并不具备相关能力的人，所以家长不要怕麻烦，应该多试听、多考察、多辨别。

一般来说，正规的培训学校都欢迎家长随时试听，有能力的老师也不会把家长拒之门外。

孩子若什么兴趣班都不想上，也无关紧要。父母不如趁双休日，带着孩子去逛逛公园，参观博物馆、科技馆；或者和孩子一起去游乐园痛快地玩一玩，不仅增长孩子的见识，还增进孩子与父母的感情，何乐而不为呢？

## 谁说回家就得做作业？把自主权交给孩子

我发现，孩子越大越不好管了！以前念一二年级的时候，他还知道每天放学回来的第一件事情就是做回家作业，做完作业再玩，晚上8点半准时上床睡觉，习惯非常好。但是自从他上了三年级以后，情况就慢慢发生了转变。他每天回家不愿第一时间做作业，我一催他吧，他就说："妈妈，我很累，我先休息一会儿。"然后找各种借口磨蹭，要么吃东西，要么倒在沙发上玩，有时甚至还会要求看一会儿电视。如果不答应他，他做作业明显心不在焉，作业也完成得错漏百出。可答应他了吧，他总是要拖到最晚才做作业，一般做完作业后就到时间上床睡觉了。我觉得孩子这样的习惯是不行的，每天都要我们催他做作业，但是强制他吧，又怕伤害和孩子之间的亲子关系。唉！我也两难，怎么办呢？

也许我们做家长的这一代，从小就被灌输一个观念：放学

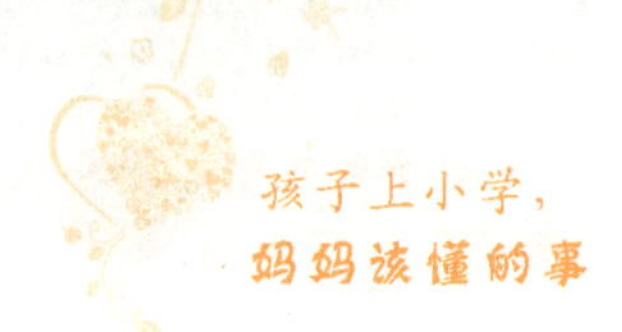


回家先做作业再玩的就是好孩子。但是，这是谁规定的呢？谁说小朋友放学回家一定得先做作业呢？

你说孩子回家后不愿意第一时间做作业了，其实，孩子回家后不愿意做作业，这很正常。孩子的天性喜欢玩，而作业的枯燥乏味自然是不会讨孩子喜欢的。家长不能强迫孩子一回家就开始做作业，因为家长并不完全了解孩子在学校的生活。多数小学一天的课程是 6—7 节，每一节课都会要求孩子集中注意力，认真思考，完成老师的教学目标。遇到教学方式灵活的老师，孩子还算可以轻松学习。但若遇到教学方式传统呆板的老师，40 分钟的时间，对孩子来说，是非常辛苦的。再好的学校，也不能保证每一个老师的优秀、教学方式灵活。有的老师有时身体不舒服，或者是临时代课，为了保证课堂纪律，最喜欢用的方式就是让孩子做课堂作业。所以，如果孩子一回家，家长就强迫他必须先做完作业，往往只有坏处，没有好处。为什么？孩子不愿这样做，但迫于家长的压力不得不做，那么很容易导致孩子的厌倦，从而产生对学习的厌恶，时间一长，甚至会导致孩子对作业应付了事，一旦出现这样的恶果，要帮孩子改过来就更难了。

那么不能强迫孩子一回家就先做作业，但孩子的作业又必须完成，家长应该怎么做呢？最好的办法就是把自主权交给孩子，引导孩子自己安排学习和玩耍的时间。家长可以与孩子进行沟通，先和孩子约定好每天晚上睡觉的时间，如果是 8 点半睡觉，那么8点半以前的时间完全由孩子自己支配。至于什么时候玩什么时候做作业，家长不必强求，只要孩子能完成学习任务能按时睡觉，先后顺序又有什么关系呢？这样做的话，孩子会感觉自己能得到家长的信任，更受尊重。同时，让孩子学会自己安排自己的事情和完成的时间，也能培养孩子的责任心，提高孩子的自主能力。

不管是老师还是家长，在教育孩子的时候，尽量多试着站在孩子的角度想问题，把孩子当成独立的个体，让他们有更多的自主权，学会自我管理。

我在当老师的时候就有这样的切身体会，如果在教育学生时，都是规定学生什么时间做什么，这样你会发现你的学生没有创造力，学习也很死板，长此下去，学生完全不能自己思考，遇到一点小事情都要请示老师，而老师也同样教得很累。如果老师把自主权放给孩子，只需在一旁细心点拨，孩子就会更加主动地学习和思考，班里的学习氛围也会更积极。我还记得，那时，我们学校每天早晨学生到校后有20分钟晨读时间，低年级时，所有的孩子都遵循这个规定，到了学校就读书。但是新鲜感一过，大家对晨读就没什么兴趣了，有的孩子拿着书假装张嘴巴，有的孩子把漫画书藏在语文书里偷看……晨读也成为了一种形式。后来，我决定大改革，把每天早晨的20分钟改为“开放时间”，孩子们只要遵循“不大声吵闹”的规定，可以自由选择做什么：愿意看书的看书，愿意下棋的下棋，愿意画画的画画，愿意聊天的就聊天。孩子们对这种方式举双手赞成，短短的20分钟，他们觉得自己比其他班的孩子更加轻松也更加幸福，到了上课时间，大家都能自觉地安静下来，积极地投入学习状态中。给孩子从小支配自己时间的权利和机会，让他们自己决定先干什么、后干什么，这对他们今后主动适应社会生活、主动约束自己的行为，形成一定的时间观念，有着更深远的意义。

家，是孩子最放松的地方，千万别把家又变成孩子的另一所“学校”。当你的孩子回家后，把时间交给他自己去支配吧，无论是先做作业还是先玩，都支持他的决定。如果他没有按照自己的计划去执行，就让他自己承受相应的苦果。慢慢地，孩子会在享受父母给予的自由时，管理好自己的时间，强化好自己的行为，长大后，方能决定自己的人生。

## 怎样让孩子喜欢自己的老师

我的女儿以前数学成绩还挺不错的，可是这学期飞速下降，原因就是她们班换了一个数学老师！听女儿回家讲，她很不喜欢现在这个数学老师，说老师太严肃，不像以前的数学老师那么和蔼；还说老师上课不抽她回答问题；老师对作业质量要求太高，凡是写得不好的同学都要重做等等，列举了老师的种种不是。后来，开家长会的时候，我特别观察了这个新数学老师，觉得老师挺好的，虽然表情严肃了些，但教育理念和教学方法都让我们做家长的信服。班主任也说新的数学老师是学校的“教学能手”。于是，我回家后对女儿说：“你们的数学老师很有教学经验，还是全市优秀教师呢！你要试着喜欢老师。你说的那些问题，可能是老师对班里的同学还不够熟悉，每个老师都有不同的教学方法，你要慢慢去适应。”可是，女儿对老师的看法并没有多大改变。我知道，如果孩子不喜欢某一位老师，她就不愿意上那位老师的课，作业不爱做，勉强应付，孩子的学习成绩自然会受到很大的影响。对此，我感到束手无策，不知道用什么办法能让女儿喜欢上现在的数学老师。

“亲其师，信其道”是常理，孩子越小，越对老师有情感上的依赖。不喜欢某个老师，肯定会影响孩子对这个科目的学习热情。要解决孩子不喜欢老师的问题，必须分析具体原因是什么，家长才能对症下药。有的孩子是成绩不好，比较自卑，认为老师不会喜欢自己，于是也对老师缺乏感情；有的孩子是因为受到老师的否定和批评过多，在老师面前缺少成功、愉快的心理体验，造成感情上的隔阂；有的孩子是被老师冤枉过，产生了委屈甚至怨恨情绪；更多的是孩子没有得到老师的重视，如老师很少在课堂提问他。显然，你的孩子属于最后一种情况。

面对这样的情况，家长应该怎么解决呢？

首先，家长要加强与老师的沟通，自己先与老师建立感情。家长主动与这位老师联系，以尊敬、虚心的态度，倾听老师的话，包括批评孩子的话。然后，家长应该告诉老师：“孩子挺喜欢您，还说您笑起来很美，但是很少笑。”家长这样说，不但不得罪老师，还会促使老师自省，反思自己在学生心中的印象。家长还可以带着孩子一起请教老师一些学习上的问题，加深孩子在老师心中的印象，让老师在课堂上更加关注孩子。如果老师能在课堂上表扬孩子一两次，自然会使孩子与老师之间由疏远逐渐变得亲近起来。

其次，家长还应努力维护老师在孩子心中的形象。在小学生心目中，老师是绝对的偶像，老师的话是绝对的“圣旨”。如果你摧毁了他们心中的偶像，他们会感到万分失望，从而也跟着瞧不起这位老师，甚至厌恶他所教的学科。老师也是人，难免有缺点、有错误，如果家长逮住老师的错误对老师评头论足，自然也会影响到孩子对老师的印象。有些家长可能不会想那么多，当对老师不满时，不考虑孩子，随意在孩子面前说老师的不好，比如在饭桌上，孩子表达对老师的不满，家长就会附和说：“你们老师怎么这样啊？有没有水平啊？”或者说：“别听你们老师的，听爸爸妈妈的才对！”也许你说的这些都是事实，但你想过没有，你的这些言行对孩子会产生什么样的影响？你只管发泄了不满，没有顾及孩子的内心感受，一旦你的孩子不喜欢他的老师，最后倒霉的是谁？

在教育孩子尊敬老师之前，家长应该先检查一下自己的态度，如有不当，先行调整。

要让孩子喜欢自己的老师，家长还应抓住机会，指导孩子主动向老师表达自己的心意。如在节假日或者老师的生日，指导孩子自己动手制作小纪念品赠给老师，或者写一封慰问信给老师。老师身体不适时，引导孩子主动关心老师，询问能否帮助老师。这些方法都能逐步建立老师和孩子之间的亲密关系，让老师更注意孩子，让孩子更喜欢老师。

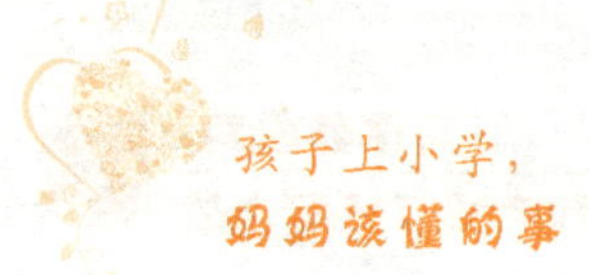


# 如何应对老师的“不公平”

今天，我去接女儿的时候，发现女儿被老师留办公室了，原因是她没有完成昨天的背诵，要在办公室被罚抄写课文三遍。女儿被惩罚完后和我一起回家时，我看她很不开心，便说：“老师罚你也是对你负责的表现，以后你要按时完成学习任务。”没想到女儿不但没有自责，反而愤愤不平地对我说：“老师太不公平了！林俏俏也没完成背诵，为什么不罚她？”“你怎么知道她没完成？”我问。女儿噘着嘴巴说：“老师检查背诵的时候，我明明看到她没有背完课文，老师却让她坐下，让她回家再好好背背。我比林俏俏背得还多，只有一小段背不下来，老师却要罚我。老师太偏心了，我知道林俏俏是林校长的女儿，校长的女儿就可以特殊吗？老师太不公平了！”

我们做大人的其实都明白，这世界上有很多的事情都不能绝对地“公平”，但是面对孩子的控诉，我真不知道该如何给她解释？

在遭遇不公平的时候，理智的成年人心里都会郁闷、想不开，更何况是孩子呢？

当孩子遭遇到不公平的待遇并告诉父母的时候，父母首先要接纳孩子的情感，对孩子说："如果事实真的是这样，确实让人委屈和气愤。"但同时要告诉孩子："老师不是神，难免有偏心和不公平的时候，每一个人都会遇到这种事情，不妨让自己心胸豁达一点，许多事情，看大则大，看小则小，不如一笑而过，乐观面对。"

有时，针对不同的事情，家长也不能听孩子一面之词，要多方了解事实的真相，有些孩子在犯错误之后，喜欢找外因来逃避，不会说自己不对。

我曾经有个学生叫小远，有一次，小远为了报复另一个学生小齐，把小齐的书包扔进了学校的喷水池里，结果小齐的书本全被浸湿了。我知道后，立即严厉地批评了小远，说："不管你和小齐之间有什么矛盾，你故意破坏他的东西都是不对的。什么事情都可以理智地去解决，不应该如此冲动。"没想到小远没有半点愧疚，还振振有词道："小齐上次也故意把我的文具盒扔地上，你为什么不批评他？"

后来，小远的爸爸也到学校找我了解情况，说小远回家责怪老师不公平。我向小远爸爸解释了此事："上一次，小齐在课堂上确实把小远的文具盒掀到了地上，但因为当时在上课，我不便打断大家来了解事情的经过，但课后我立即教育了小

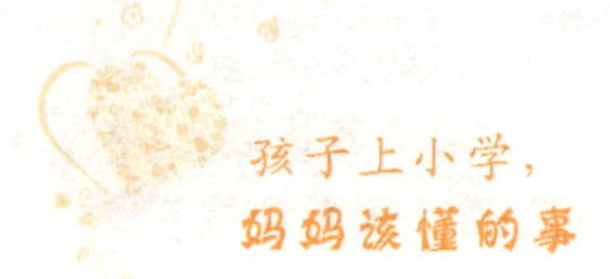


齐。”小远爸爸听完我的解释，很真诚地说：“老师，谢谢您批评小远，我们做家长的也不希望孩子借别人的错误来掩盖自己的错误，今后如果孩子还有这方面的问题，我们也一定配合教育。”

孩子平时在家里受到恩宠，习惯了以自己为中心，因此有时不能忍受外面的一点点冷遇或挫折，这是正常的。家长应该教导孩子，不要过多注意自己的“待遇”，多些宽容理解，少些怨天尤人，性格坚强一点、乐观一点，要把精力放到努力做好自己上，做好了自己，其他一切事情都可以迎刃而解。

针对你提到的这件事，你可以告诉女儿：“林俏俏逃脱了惩罚也许是‘幸运’，但从另一方面来说也是‘不幸’，因为学习不是为了应付老师，而是为了真正汲取知识，完善和丰富自己。老师指出你的问题让你改正，总好过将你的问题藏起来不让人看到，最后问题越变越大，倒霉的还是你自己。”

家长要努力让孩子明白，很多时候“不公平”只是一种自我的感受，一件事情的结果对你有利你可能就会觉得很公平，对你不利你便觉得不公平。我们要正确地看待那些所谓的“不公平”，因为它们不是不可逾越的高山，相反是我们人生道路上的契机。人必须学会在不公平中求生存，正是这些“不公平”，让我们有机会看到自身的问题所在，改正自己的缺点，轻松上路。

# 是谁让孩子不合群

我的女儿思思上小学三年级。她平时乖巧听话，成绩也不错。老师也说思思除了比较内向，没有任何问题。但是，我发现思思放学回家后很少说班里的事情。我每天去接她时，别的孩子都是三三两两、说说笑笑地结伴而出，思思却自己背着书包，孤单地走出校门。更令我惊奇的是，孩子上学3年，竟然不认识班里的部分同学，连名字都喊不出来。我觉得思思很不合群，在学校里也过得不快乐。我曾经问过她："你在学校最好的朋友是谁？"她想了很久，才说出一个名字，是坐在她前面的女生，但是我平时也没见她和这个女生一起玩。

有时候，我也在想，是不是因为我的交际能力一直很差劲，所以遗传给了孩子。我从小就没什么朋友，可以说是在孤独中长大的。即便现在走进单位，我和同事们除了工作上的交流，私下也是没有什么联系的。我的性格已经成了这样，但我并不想孩子步我的后尘，能有什么办法让孩子合群吗？

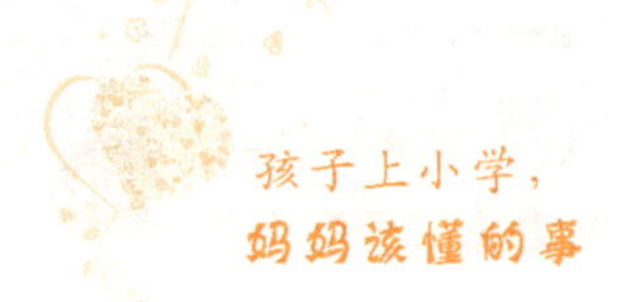


引起孩子不合群的原因与父母对孩子的态度以及家庭环境有重要关系。

如果父母对孩子过度关切，事事代为安排，往往令孩子失去发展合群性的机会。还有一种情况是，父母过于严肃，缺乏教育孩子的经验，和孩子之间的关系是管教者和被管教者，让孩子一直活在胆小谨慎中，这样的孩子也很难主动结交朋友。

不合群虽然说不上是什么病，但却妨碍孩子去适应环境和学习新知识，长大以后很难与人合作，也很难适应今后社会发展的需要。合群的孩子在知识范围、语言表达、人际交往等方面均明显优于性格孤僻、不爱交往的孩子。

你在来信中说你从小在孤独中长大，你分析过原因吗？你也知道你的人际交往存在一定的问题，那么，要想让孩子合群、学会交际，你首先要改变自己，如果你自己都没有好朋友，从不主动与人交往，孩子也学不会如何与人相处。

首先，你应该放松心情，表现出和蔼、友善的态度与孩子接近。每天你要抽一定的时间跟孩子交谈，从孩子的言谈中知道孩子有没有好朋友。如果孩子有好朋友，可以让孩子邀请好朋友到家里来玩，父母热情对待；还可以和孩子好朋友的家长联系，定期带孩子一起聚会，或者去郊外野餐等。这些活动让孩子、家长间都有共同分享的话题，是双方受益的事情。节假日你可以带孩子去公园或亲朋好友家走走，积极创造条件让孩子与小伙伴一起玩耍。开始时你可陪伴在孩子身旁与小伙伴一起做游戏，等他们熟悉之后可让他们自己玩；每次游戏后你都应比较夸张地表扬孩子玩得好、玩得有趣，使孩子在玩乐中感受到小伙伴的可爱以及集体的欢快。

其次，你要有意识地培养孩子的合作能力。你可以交给孩子一些单独一个人难以完成的任务，鼓励孩子与别人合作完成，或向家人求援完成，增加他与别人交往的机会同时让孩子懂得一个人的力量很小，有些事情办不到，而大家一起做，事情就好办了。

你还应该亲自做示范，在人际交往方面做到大度宽容、彬彬有礼、热情大方，多带孩子去和你的好朋友见面，让孩子看到父母是如何与好朋友相处的，在观察中学到很多与人交往的方式。当孩子懂得了正确的交往方式后，家长还可以带着孩子多参加一些各种类型的活动，让孩子在活动中接触更多的人，家长再慢慢放手，鼓励孩子主动与人交往。

除了亲自示范，你也可以求助孩子的老师，让老师号召其他小朋友多给孩子一些交往的机会。此外，你要观察孩子周围的同学平时喜欢聊什么玩什么甚至吃什么，孩子如果没有跟同龄人一样的兴趣，也很难交到朋友。经过这些帮助，如果你的孩子交到一个非常要好的朋友，就要鼓励他了。但父母别给予孩子过高的希望，让他去交很多朋友，学校不是社交圈，不需

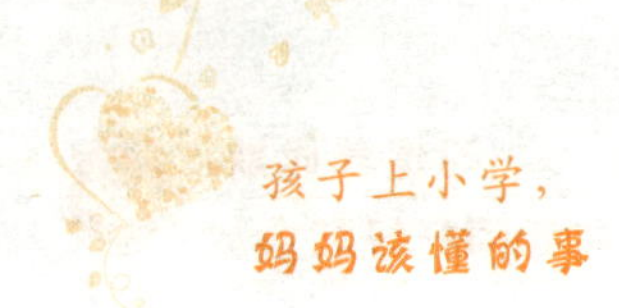


要孩子有如此高的社交能力。你要做的是，如何帮助孩子加深与好朋友的友谊，这比要求孩子交很多朋友更为重要。

总之，要改变孩子不合群的现状，首先，要改变的是你自己。

# 孩子被老师冤枉了，怎么办

今天，儿子回家时情绪很低落，伸手跟我要钱，说班主任让他赔打碎的窗户玻璃。“你怎么这么调皮，把玻璃打碎啦？”我刚一出口，儿子“哇”地大哭道：“不是我弄碎的。当时我离那儿最近，老师看见了就说是我打碎的。后来同学告诉我是小林弄的，可他是班长，没人敢跟老师说。”听完儿子的哭诉，看着儿子一脸的委屈，我想老师的确冤枉了他。于是，我和儿子的爸爸商量该怎么处理这件事情。儿子的爸爸说，本来我家儿子就很调皮，经常在班里闯祸，如果为了这件事情去和老师理论，怕得罪老师，一块玻璃也值不了多少钱，赔了就是了。但是，我还是有些不舒坦，倒不是说赔钱的问题，而是怕这件事情给孩子心灵上留下阴影。我想去和老师沟通一下，希望老师再调查一下事实的真相。我该怎么对老师说呢？

老师也是普通人，在教育孩子的过程中，难免会出现错误。老师会错怪孩子一般有几种原因：有的老师对问题没有调

查清楚，草率定论；有的老师对某些学生持有一种偏见，导致主观性错误；还有时，是因为老师心情不佳，情绪波动过大，处理问题欠思考。

当家长发现老师有可能冤枉孩子时，切记不能陷入两种极端的处理方式。一种是怕得罪老师，卑微隐忍。这样，会给孩子带来很大的伤害。孩子会变得不再相信父母或者记恨老师，更严重的，会扭曲孩子的心灵。另一种家长因为太爱孩子，控制不了自己的情绪，当着孩子的面，立即打电话给老师，气势汹汹地质问为何这样冤枉孩子。这种态度也会引起老师的不满，让两者之间的沟通陷入了尴尬。最后，同样会伤到孩子。

那么，当老师真的冤枉了孩子，家长该怎么做呢？

小童是个男孩子，平时比较好动，学习成绩也不太好，是老师眼里的问题学生，因此小童爸爸经常被老师传唤到学校。

有一次，小童爸爸又被老师叫到学校。老师反映说：“你儿子上课打闹，把同桌的文具盒扔了，我批评了他，他不服气，当场顶撞我，我叫他到办公室，他还死不认错，态度很不好。”小童爸爸赶紧给老师赔不是说：“这孩子真不懂事，让您费心了，我回去一定好好教育他。”

回家后，小童爸爸向孩子了解情况，小童委屈地说：“今天上课，我的同桌和后边的同学打闹，我本来是劝架，刚好老师进来时，我拽着同桌让他坐好，没想到一用力，碰掉了同桌的文具盒。老师不问原因就批评我，我当场和老师辩解，可老师就是不听。”

小童爸爸说：“哦，我相信你说的，这样说来，你是够委屈的，换了谁也会很有火。心里有委屈就得说出来，说出来就舒服了，赶紧去吃根冰棍，降降火吧！”听爸爸这么一说，小童心里憋着的气消了很多，赶紧去拿冰棍了！

后来，小童爸爸找小童的同桌了解了情况，确实是老师冤枉了小童。小童爸爸对小童说：“事情的经过我了解了，确实是老师冤枉了你。但你考虑过这样一个问题没有，为什么老师会冤枉你？”“他对我有偏见！”儿子说。“为什么对你有偏见？是不是你平时做的很多事情让老师对你产生了这样的印象？但即使老师有错，你当场顶撞老师，让老师下不来台，如果你是老师你会不会生气？老师也是人，也有犯错的时候，不能因为你有理就对老师这样没礼貌。明天我和你一起去向老师说明情况，并向老师道歉。”

第二天，小童爸爸和小童一起去了老师办公室，小童向老师承认了错误。老师了解到事实的真相后，也在全班向小童承认了错误，说是自己没了解清楚情况就乱下结论，希望小童原谅他。

小童回来对爸爸说：“我们老师还行，还能承认错误，我以后也会争取少犯错了！”

小童的爸爸很有智慧，他不仅接纳了孩子的情绪，理解孩子的委屈，而且在维护老师形象的前提下让孩子反思自身存在

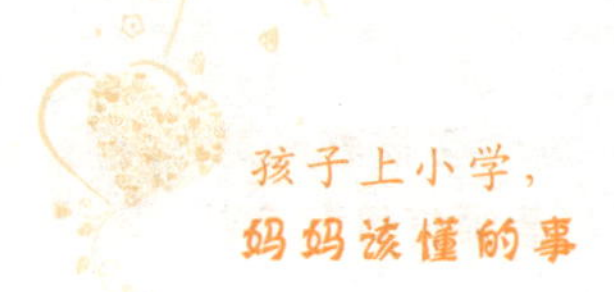


的不足，巧妙地解决了这次冲突。

因此，当孩子回家向家长倾诉被老师错怪或者冤枉后，家长首先要耐心倾听孩子的话。这时的孩子心里十分委屈，他是希望通过诉说得到家人的支持和理解，诉说的过程，也能缓解他们的情绪。家长认真听完孩子的诉说之后，可以首先分析一下孩子的话是否真实可信，但不要先下结论。当孩子倾诉完烦恼，家长要及时给他心理安慰，表达你的态度和想法，比如说："我知道了，在这个问题上，你的确没做错什么"；"这件事，我相信你是无辜的"；"你能告诉我你的委屈，说明你信任我，我很开心"。说完，还可以给孩子一个温暖的拥抱或者给他一点甜品，让孩子委屈的情绪得到缓解。

接下来，家长应该到学校去了解孩子所说的是否是事实。如果证实孩子的话是真的，那么就需要家长亲自找到老师沟通。在交流的时候，家长一定要用心平气和的心态，用宽容体谅的心情，用换位思考的思维，向老师叙述整件事情的来龙去脉，千万不要表现出过激行为，尤其是在表情或者语气上。必要时，也请求老师调查事实的真相。一般来说，当老师明白自己的错误后，都会向孩子和家长道歉。这时，家长要表现出豁达的态度，同时，也要引导孩子原谅老师、理解老师。这种做法不仅能让老师对孩子的看法得以转变，也有利于增进师生情感，让孩子健康成长。

## 家长不小心得罪老师怎么办

我的儿子上小学二年级，因为以前的语文老师生小孩，现在换了一个老师。这个老师布置的作业很多，开学第一周，孩子每晚做完作业就已经8：30了，洗洗就得上床休息，每天连弹钢琴和阅读的时间都没有了，这以后还怎么办？我壮起胆子在儿子作业本上给他的老师提了一条建议：希望老师以后布置作业能适当地少一点。谁知今天中午老师就让我去她的办公室找她，老师说："其他家长都没说我布置的作业多，如果你觉得你的孩子已经掌握了相关知识，你就让他少做一点。"我说："要是那样，孩子和其他同学做的作业不一样，他心里总会有些担心的。老师，您能不能给全班同学都适当地少布置一点呢？"老师有些不悦了，说："那可不行，不能为了你孩子这一个特例打乱我所有的教学计划，我还要面向几十个孩子呢！"

老师这样说，我根本不敢让孩子少做作业，而且从这以后，我总担心老师会不会因此给我的孩子"穿小鞋"。果真，有一天，孩子回家很不开心，他告诉我今天他上课做作业的时候和同桌讲话，老师只批评他没有批评同桌，还说："你做作业不认真，难怪回家做到很晚嗒！"

我一听，心想一定是我上次给老师提意见得罪了老师，现在她把怨气撒在孩子身上了，唉！我该怎么办啊？

当家长想对老师提出意见的时候，一定要把握一个技巧，那就是绝不"单兵作战"冲动而行。因为如果你一个人提出意见，老师会在潜意识里认为这是你孩子的特殊问题，不是全班性的普遍问题，老师难以引起重视。如果是多数家长都提出这个问题，老师才会去反思，是不是应该改进。

所以，当家长认为老师作业布置多了，你首先应该询问一下同班的同学或家长。有时候，孩子写家庭作业写到太晚，不一定是老师布置得多。仔细的家长应该观察孩子完成作业的速度，如果通过询问，别的孩子都能在短时间内完成作业，而你的孩子例外，那就不能怪老师，要找找孩子的原因。当然，如果同班很多家长都觉得老师留的作业多，那么家长们可以相约一起去和老师交流，在交流的过程中，无需直接提出让老师少布置一些作业，只需要反映孩子这一段时间做作业的情况和压力，老师自然会明白并进行调整。

如果你邀约不到其他家长，又很想对老师提建议，你可以委婉一些。有位家长的做法很聪明，发现孩子的作业太多，他就在孩子每天的作业下面做批注，比如：今日完成作业时间 7

点 20 分至 9 点 30 分，中途休息了 10 分钟，做作业时认真仔细，未开小差；今日完成作业时间 7 点至 9 点 30 分，中途休息 10 分钟，做作业认真仔细，但孩子显得疲惫……

老师一看，便知自己留的作业量多了，立即减少了学生的作业量。这位家长的做法，在没有伤害到老师的情况下，轻松地帮助孩子减轻了负担，不是很好吗？

当你因为冲动对老师说了一些不该说的话，做了一些不该做的事，你觉得得罪了老师，这时候怎么办呢？

首先，你要相信多数老师的职业道德。老师爱学生，有时虽然对家长有所不满，但绝不会针对孩子。所以，你大可不必太过敏感，认为老师的一言一行是在给孩子“穿小鞋”，更不可把你的这种想法灌输给孩子，让孩子对老师也产生惧怕的心理。接着，你应该找机会向老师表达你的歉意。比如给老师发一条短信：老师，我那天提的建议确实没有考虑全面，每一个孩子的学习情况不同，我不应该要求您去调整全班的教学计划，还请您原谅！相信老师在感受到你的真诚以后，一定会宽容和谅解的。

当然，如果真的遇到了师德品质有问题的老师，刻意针对孩子、伤害孩子，这时候，家长也不能怕得罪老师而隐忍，应该主动去找学校领导沟通，说明孩子的遭遇，请求领导的协调和帮助。

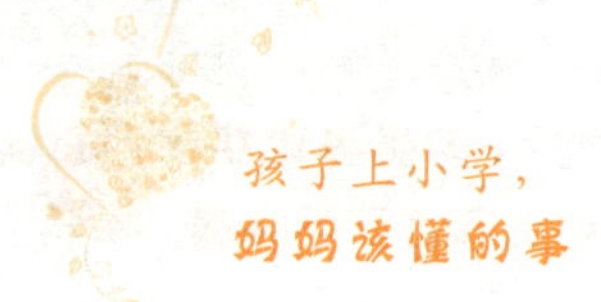



# 总被老师批评的家长，如何化被动为主动

儿子今年上二年级啦，因为他学习成绩一直不理想，总是考全班倒数几名，所以我们做家长的经常被老师请去办公室接受批评教育。昨天，儿子又把班里的投影弄坏了，老师再一次把我请到学校，对我说："你儿子不但成绩不好，还经常搞破坏，你们做家长的有没有教育？"问得我哑口无言。我们怎么会没有教育呢？我和孩子的爸爸对孩子骂也骂过打也打过，可他天性顽劣，不爱学习，每次在家里一再保证要改正缺点，可是回学校一会儿就忘了。

现在，我真怕接到老师的电话，面对老师的批评，我不知道该怎么应对。而且老这么三天两头地被老师传唤，我怕自己真的会疯掉。我平时工作也挺忙的，上着班，老师一会儿一个短信投诉，一会儿一个电话要见家长，真的很郁闷啊！

敢于直接批评家长的老师一定是资深老师，并且一定是所谓的“优秀老师”。他们往往会仗着年龄、资历或者是名气教训家长，而多数家长为了孩子，只能忍气吞声。其实老师责骂家长，只要家长认为没有道理，或者心里有不同的想法，都要不卑不亢地提出来。谁都是人，老师和家长没有谁尊谁卑，大家的出发点都是为了孩子，是平等的，必须互相尊重。

就你说的情况看，你的儿子主要是因为成绩不好和经常调皮令老师感到不满。以我的经验，前者占的比重更大。对于一线老师来说，最在乎的还是学生的成绩。很多老师彼此聊天时都会议论：“如果这孩子成绩好也就算了，调皮一点我也能容忍。最怕成绩不好又调皮，最让我接受不了。”

所以，你目前首先需要做的是帮助孩子提高成绩，分析一下孩子成绩不好的原因是什么——是没有学习的兴趣还是学习习惯不好？或者是经常被老师批评，失去了学习的信心呢？

找到原因后，建议你变被动为主动，亲自打电话联系老师，并和孩子的父亲一起和老师深入交流一次，表达你们对孩子的希望以及愿意帮助孩子提高成绩的决心，并请求老师的全面配合。你还可以和老师约定好每周互相交流意见的时间，这样也不会影响你的工作。

我曾经看到这样一位家长，面对老师的批评，处理得不温不火，值得你借鉴。

高老师是一所名校的资深好老师，一次，她通知了一个家长到办公室。高老师一边批改作业一边教训这位家长：“你儿

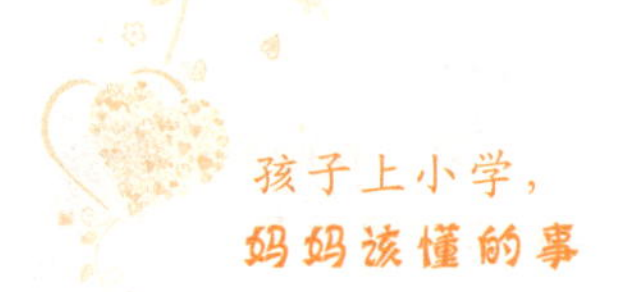



子的学习习惯很差，上课搞小动作，注意力不集中，字写得像甲骨文，你们做家长的平时管了吗？别以为把孩子送到学校来就不闻不问了，我班里这么多学生，不是只管你家一个小孩的！”

这位父亲不慌不忙地搬来一张凳子坐在高老师身边，客气地说：“高老师，孩子身上确实有很多毛病，我也想趁这个机会好好和您沟通一下，不知道您能不能暂时放下手中的工作？耽搁您了。”

高老师只好放下红笔，正襟危坐看着这位家长。

家长说：“孩子 3 岁之前都是由爷爷奶奶带着的，我们对他疏忽了照顾，后来才知道 3 岁之前的教育很重要，但是已经晚了，孩子的很多不良习惯已经养成。我和爱人也想了很多办法，纠正孩子的习惯，但我们毕竟不是专家，也不太懂教育，所以特别希望能给孩子找个好老师。我们千方百计打听到高老师您很优秀，对孩子很负责，于是费了很多力气才把孩子送进您班，希望能得到您的指点和帮助。高老师，我也知道您班里学生多，您的工作很辛苦，但请相信，我们做家长的一定会配合您的工作，关键是您能不能给我们一些指点，怎么教育孩子，纠正他的不良习惯？”

高老师听到这一席话，态度 180 度大转变。她耐心地告诉家长该怎么帮助孩子改正坏习惯、提高书写能力，并且还主动提出，让孩子回家每天练习一篇小字第二天拿给老师检查。高老师和这位家长探讨了好几个配合教育孩子的好办法，双方交流得十分愉快。

这位家长走后，高老师还微笑着赞叹："这种家长才是好家长啊！"

我非常佩服这位家长的语言艺术，在短时间内化干戈为玉帛。

当家长面对老师的批评时，不能卑微隐忍，也不能恶语抵抗，而应该由始至终保持一种轻松自然的态度，听完老师的批评后，再运用语言艺术，肯定老师的付出，并向老师虚心求教如何更好地教育孩子，让老师从批评者转变为指导者。这时，老师会觉得自己备受尊重，紧张的气氛自然会转化成和谐的气氛，让彼此交流愉快。

# 让孩子从“爱花钱”变成“会花钱”

我女儿今年8岁，是个在蜜罐中泡大的孩子。我和孩子的妈妈都在做生意，家庭环境比较富裕，但是我并不赞成用物质来满足孩子，也不愿意娇惯孩子。不过，由于我们夫妻工作忙，孩子基本跟着我父母长大，是个典型的“小公主”，几乎是要什么就能得到什么，除了天上的月亮摘不下来，我父母什么都愿意买给孩子。现在，孩子上三年级了，每天脑袋里想得最多的，就是怎么让大人给她钱，她能去买玩具、零食，还有一些花花绿绿的小饰品，买回家后多数是丢在一边从不珍惜。虽说孩子买这些东西不会给我们家造成什么经济压力，但是我总觉得孩子不能这么小就养成乱花钱的习惯。我们这一代都是吃过苦才知道今天的生活来之不易，但如何让现在这些小孩学会节约呢？

其实，购物是一个人融入社会的重要活动，孩子具有独立购物的能力了，说明他的人际交往能力和个人意识、经济意识都发展到了一个新的阶段，这正是一个好机会，只要我们能耐心巧妙地引导，就可以让孩子从小学会如何花钱、如何理财。

所以，孩子花钱也有积极意义，我们并不能一概否定，更不能如临大敌，应该针对不同的情况，采取不同的办法。

一般来说，孩子喜欢花钱购物，有的是出于享乐的天性，有的是出于好奇，有的是出于攀比——只要别的同学有的，自己也想有，实际上是希望得到同学的认同，是一种交际的需要，也是建立自尊和自信的需要。

如果孩子花钱是出于享乐和好奇，比如看电影、去游乐园、买零食等，家长应根据自己的家庭条件合理满足孩子的需求。如果有条件却对孩子过于苛刻，容易造成孩子心理的扭曲，对享乐的欲望反而更强，将来一有机会，很有可能畸形地爆发。如果孩子花钱是出于攀比，别人有的自己也要有，这时，家长可以耐心地和孩子沟通："每个人的环境不一样，每个人所拥有的东西也不同，有的东西别人有你没有，但有的东西你有别人也没有啊，拥有和别人不同的东西才能体现自己的独特之处。"若有机会，家长还可以专门给孩子带回一两件新奇的礼物，让他也能拥有别人没有的东西，从而得到满足感。

当家长发现孩子有独立购物能力的时候，就应该有意识地培养孩子的理财能力了。首先，家长可以每月给孩子一定数量的零花钱让孩子自由支配，若孩子提前用完又再问家长要钱时，家长一定要遵循之前的约定，不能妥协再给。在孩子自由

支配零花钱的过程中，家长要耐心引导。如：为什么要买？这件东西有无购买的需要，若有需要才买。到什么地方去买？若是买铅笔、作业本、小贴画等等到小市场去买比在大商场买合算。怎样避免买到劣质品？让孩子多学习价值、价格、包装、商品流通等相关知识。我们甚至可以把平时家里的一些必要开支让孩子去负责，让他自己去积累经验，体会花钱的道理。在这个过程中，我们大人的位置退到了幕后，我们只是一个引导者，决定权在孩子。既然把钱给了孩子，就让他自己去规划。如果孩子能学着记账，详细记录支出的内容最好，若孩子花钱得当，家长还可以考虑酌情给予奖励。

人活在世上，离不开物质财富，让孩子从小学会花钱，就是培养他的生存能力，树立正确的价值观，这也是孩子成长的重要一课。有时候，若孩子提出过分的物质要求，家长不要立刻沉下脸来拒绝，甚至批评孩子，也可以想一些巧妙的办法给孩子正确的引导。

芳芳是一个特别爱攀比的孩子，只要看到别的小朋友有的东西，她都想要。有一天，芳芳非要缠着爸爸妈妈给她买平板电脑，说好多同学家都有。芳芳妈妈坚决反对，理由是玩平板电脑会影响视力，还会让孩子不爱运动。芳芳立即嘟起小嘴不高兴了。这时，爸爸想了想说："爸爸支持你买平板电脑。""真的？"芳芳瞪着一双怀疑的眼睛问爸爸。爸爸郑重地点了一下头，说："不过嘛，爸爸有个建议，我们要合资买平板电脑，就是你出一半钱，我出一半钱。”芳芳的眼光立马黯淡下去，说：“可我没钱。”爸爸说：“可以攒呀，你少吃零食、少买玩具再加上你的压岁钱，不就解决了吗？”芳芳点了点头。

从这以后，芳芳为了攒钱买平板电脑，改掉了一放学就买零食吃的坏习惯，口渴了，也不再只喝饮料，而是喝矿泉水。

过完春节，芳芳拿着自己攒够的钱给爸爸，问：“爸爸，可以买平板电脑了吗？”爸爸说：“虽然钱还差一点，但是爸爸可以先帮你垫上一部分钱，给你买一台平板电脑，以后你再攒钱还爸爸，好吗？”芳芳乐坏了，狠狠地亲了爸爸一口。

令芳芳爸爸开心的是，芳芳非常珍惜这台平板电脑，而且从这以后，芳芳知道爱惜钱了。

所以，有时候，对孩子提出的物质要求可以建立延迟满足，这不仅能培养孩子的自我控制能力，还可以让孩子珍惜来之不易的东西。

还有一点，大人是孩子的榜样，我们不妨反省一下，自己是不是从不计划用钱？是不是很热衷于逛商店？是不是很爱网上购物，买回一些没有用的东西？给孩子的零花钱数量是否合适？我们对待物质的态度也会反映在孩子身上，所以在教育孩子的同时，还要从我做起。

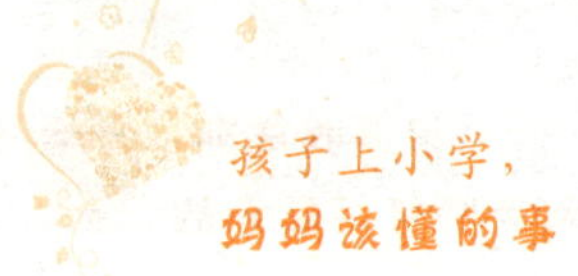


# 当孩子和同学发生矛盾，“察己”比“律人”重要

我的女儿最近遇到一件事情很苦恼，她和好朋友芊芊决裂了。我问女儿：“你们之间是不是有什么误会啊？”女儿说：“是芊芊太虚伪了，那天老师让全班无记名投票选升旗手，我差了几票没被选上。芊芊还安慰我说‘没关系，下次还有机会，反正我选的是你。’谁知道芊芊的同桌悄悄告诉我，她根本没有选我！哼！她还是我的好朋友，没想到这样对我！我再也不想理她了！”

虽然女儿说得很容易，但是我能看出她失去了好朋友，其实也很难过。女儿在班里属于比较优秀的那一类学生，平时也很好强，自上学以来，最好的朋友就是芊芊了，那个小姑娘也到我们家来玩过，看起来非常秀气，也很有礼貌。本来我不想介入孩子之间的矛盾，很多教育专家都说过，孩子的事情让孩子自己去解决。但是，我每天去接女儿放学，看到她一个人孤独地走出校门，我又很心酸。我是不是该帮帮孩子呢？

孩子入学以后，和同学之间发生矛盾与冲突，是很正常的事情。但每个孩子对待问题的态度都不一样，有的会回家告诉家长，有的会直接告诉老师，还有的埋藏在心里什么人也不说。其实，引导孩子正确对待同学之间的矛盾冲突，不仅有助于孩子形成良好的人际关系，培养孩子健全的人格，而且有助于提高孩子处理问题、适应未来生活的能力。

作为老师，我也会经常解决学生之间各种各样的矛盾。

每当面前站着几个噘着小嘴怒气冲冲的孩子，我首先会问清楚事情的经过，要求他们一个一个地说，别人在说的时候，其他人不能插嘴。一般在这个环节，多数孩子都会陈述对方的错误，很少有孩子会主动说出自己的错误。静静听完每一个孩子的陈述后，我基本上已经了解了发生矛盾的原因和过程。然后，我会说："你们说的都是实话，我也很认同你们的观点，但是有一个问题你们忽略了，你们都只说了对方的错误，没有说到自己的错误。俗话说'一个巴掌拍不响'，发生矛盾往往是双方的事情。接下来，老师想听听你们觉得在这件事情上，自己的错误是什么呢？"

往往这个时候，孩子们都会很快说出自己错在哪里，其实他们不是不知道自己错在哪里，只是希望用别人的错来掩盖自己的错。事实上，孩子之间发生了矛盾或冲突，我们应该首先教导和启发孩子认识并改正自己的错误，引导孩子对错误行为

进行补救，在这一引导过程中，让孩子了解到什么是可以做的，什么是不可以做的，怎样做才能避免和他人的冲突等等。对于经常和同学发生纠纷，然后又总是指责别人来逃避责任的孩子，父母更应该引起重视，一定要让孩子知道，在和同学产生冲突后，察己比律人重要。这也是培养孩子责任心的有效办法。一个敢于面对自己的过错，并勇于主动承担责任的孩子，会从自己的行为中不断地吸取教训，随着年龄的增长，他各方面的失误会越来越少，和不同的人也能融洽相处。

芊芊是你女儿的好朋友，但是她却没有选你的女儿当升旗手，她也许是认为你的女儿不够当升旗手的资格，也许是对你女儿早有不满的情绪。但是她对你的女儿撒谎，不敢让你女儿知道，说明她有畏惧。你不如和女儿好好谈一谈，她在和芊芊做朋友的过程中，是否也有错，比如太过强势？或者说，对芊芊不够真诚？这件事情发生以后，如果她能主动原谅芊芊撒谎的过错，向芊芊伸出友谊之手，也许，芊芊反而会感到内疚，两人之间的友谊也会更加深刻。父母不要因为孩子间常发生争吵和纠纷，就限制孩子与同伴交往，要创造条件，鼓励孩子与人交往，让孩子在冲突和纠纷中获得体验，增长与人交往的经验。

还有的孩子在学校与其他孩子发生矛盾或者因小事吵架，往往因自己胆小不敢告诉老师，而是回家跟父母哭诉，希望父母能替自己伸张正义，讨回公道。这时候的父母一定要冷静，仔细听孩子述说。不要看见孩子哭就心里不好受，觉得孩子受了天大的委屈，心疼得不得了，马上就要为孩子出头；也不要用成人的斤斤计较，去度量孩子们之间的矛盾，他们之间的矛盾很简单，根本不用家长提心吊胆，更不用家长亲自上阵，非要决定胜负。

如果家长因为自己的孩子与某个孩子闹了不愉快，就横加阻拦，不让孩子与其他孩子交往，那样只会激化矛盾，只会在孩子幼小的心灵上蒙上阴影，对孩子的成长是十分不利的。我认为，作为家长，在发现孩子无法独立解决与他人的矛盾时，还是应该帮他一把。这个“帮”更多地体现在了解客观事实的前提下，指导孩子先认识自己的错误，再宽容别人的过失，用合理的方式去解决矛盾。如果孩子之间问题严重，建议家长可以找老师帮助解决问题。

# 孩子的东西被同学损坏怎么处理

我女儿的同桌小罗是个很顽皮的男生，听女儿回家讲，他经常有意无意损坏他人的东西，如铅笔、本子、彩笔等等。由于这些东西本身不值多少钱，对方一般也不要求赔偿。老师也会批评小罗，但是他还是改不掉自己的坏毛病。有一天，女儿回家伤心地告诉我，小罗把她的新文具盒摔坏了。这个新文具盒是女儿的姑姑刚送给她的，女儿非常喜欢现在被小罗弄坏了，她心里自然十分难受。我问："老师知道这件事吗?"女儿摇摇头说："老师不知道，我不敢告诉老师，因为是上课发生的事情，老师说过上课一律不解决任何矛盾。""那就算了吧，妈妈再给你买一个就是。"我安慰女儿。后来我真的给女儿买了一个新的文具盒，但是这个新的文具盒很快又被小罗弄坏了。这一次，我真的生气了，决定去学校找老师，女儿却哭闹着阻止我，说："老师说过，家长不要为一些小事找老师的麻烦!"

我犹豫了，我不知道孩子的东西三番五次地被同学损坏，这算不算小事？该不该找老师呢？

只要孩子上学后，总会和同学发生一些矛盾，这其中就包括损坏别人的东西或东西被别人损坏。当家长发现孩子的学习用品等被同学弄坏了，首先要了解对方是不是故意的，如果对方是无意的，应该引导孩子原谅，也不必告诉老师和对方家长，免得兴师动众，让孩子背上思想包袱；假如对方是故意的，这时候，家长应该引导孩子从两个途径来解决问题，第一是让孩子主动和对方协商，要求对方赔偿，目的是要让对方牢记：对待同学的东西要跟自己的东西一样爱惜。如果第一个途径没有解决问题，那么可以让孩子告诉老师，请求老师的帮助和协调。家长尽量不要直接参与此类事件。

我的女儿也遇到过这样的事情。有一年暑假，我们全家去新加坡旅游，女儿买了一个特别喜欢的手表。开学后，她戴着手表去学校，没想到被班里一个很调皮的男生把手表摔坏了，整个表芯都不见了。女儿拿着空空的表带回家告诉了我这件事情。我当然表示很遗憾，同时也告诉她："你自己的东西就应该爱护好，如果你一直戴在手上不取下来放桌上，那个同学也没有机会摔坏你的手表。"

我本以为这件事情就这样结束了，女儿的手表被摔坏了确实让她难过，但从另一个角度来说，也让她明白了自己喜欢的东西就应该好好珍惜。

但是第二天，女儿拿着一个流沙玩具高高兴兴地回家了。

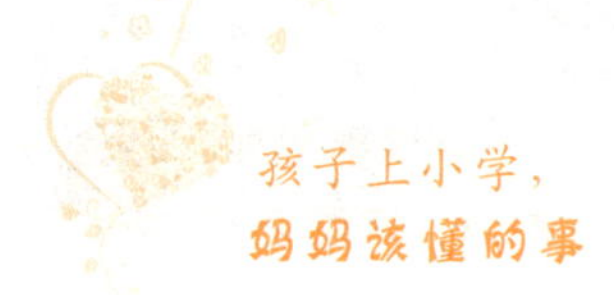


我问她："哪儿来的呀？"她说："那个男生赔我的，他说他不可能去新加坡买一模一样的手表，所以就赔了我这个玩具。"

其实就价格来说，我当然知道，这个流沙玩具的价值远远比不上那块手表，但是我很为女儿高兴，因为她自己解决了问题，而正因为这份"赔偿"，让她不再为手表被弄坏的事情耿耿于怀了。

在赔偿问题上，价格倒还真是其次的，重要的是规则。无论是孩子损坏了别人的东西，还是别人损坏了孩子的东西，家长都应引导孩子先检查自己的责任，然后把解决问题的权利交给孩子。当然，为了避免这类问题的发生，一些贵重的东西，最好不要让孩子带到学校里去玩。

如果你的孩子很爱损坏别人的东西，那么你应该在生活中有意地教给孩子使用物品的方法，比如让孩子知道哪些东西是容易损坏的，应该在使用中注意什么，如轻拿轻放、不能摔等，培养孩子耐心细致的习惯。当然，若孩子是因好奇心而损坏他人物品的，家长应注意积极引导孩子的探索行为，除了刻意给孩子买一些可以拆装的益智玩具以外，还可以带孩子参观科技馆、博物馆等，让孩子明白问题的答案，满足孩子的探索心理。

教育家陶行知的一个朋友告诉他："我的儿子把我珍贵的金表拆了，被我痛打了一顿。"陶行知说："也许你打落了'中国爱迪生'。"所以，家长切忌在孩子损坏东西后大发雷霆。先

要观察孩子为什么损坏东西？因为孩子在损坏东西后总是很害怕的，家长的严词厉语容易造成孩子逃避过失或产生逆反心理，甚至抹杀孩子对新事物的好奇心。

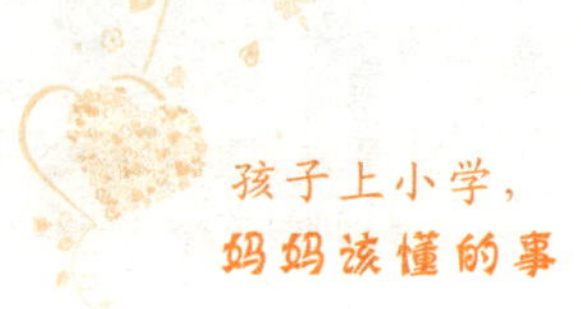

# 孩子的同学多次偷东西，是否应该向班主任反映

女儿已经好几次向我抱怨，说班里一名姓张的女同学偷她的东西，比如钢笔、橡皮擦、贴纸等，有时还会偷女儿带去学校的课外书。我怕女儿冤枉同学，于是问她："你怎么知道是张同学偷的？"女儿说："之前，是别的同学告诉我她偷了我的东西，后来我悄悄观察，发现她文具盒里真的有我丢过的一模一样的钢笔和贴纸。""一样的东西很多，就凭这一点也不能证明她是小偷啊！"我提出质疑。可女儿坚定地说："妈妈，你相信我，她一定是小偷，因为我在我的贴纸上做过记号，她文具盒里的那袋贴纸上和我做的记号一模一样。""那你们怎么不告诉老师呢？"我不解。女儿说："老师说过，没有亲眼看到同学偷东西都不能妄下结论，怕冤枉同学。所以，我们也在等机会亲手抓到她。"

看到女儿眼中燃烧着怒火，不知道为什么，我很替那位张同学担心。毕竟，我也是一位母亲，假如有一天，张同学真的被同学们当场抓住，那她一定会受到大家的谴责，甚至辱骂。这对小女孩来说，无疑是一种心灵的伤害。小孩子都会犯错误，如果我们能悄悄地帮她改正，不让她在大庭广众之下蒙羞不是更好吗？所以，我想跟孩子的班主任反映一下这个情况，请老师帮忙处理，但不知道，班主任会不会嫌我多事？毕竟又不是我的孩子。

你真是一位好家长！不仅关注自己的孩子，还顾虑其他的孩子，能做到“幼吾幼以及人之幼”，这是一份难得的胸怀。

作为老师，班里难免会遇到学生东西失窃的事情。正如你说的，孩子毕竟是孩子，总会犯错误。当老师们在处理这类事情的时候，也格外小心，生怕冤枉了孩子，给孩子和孩子的家长带去伤害。所以，我完全理解你家孩子的班主任所说的那句话：“没有亲眼看到同学偷东西都不能妄下结论”。相信有不少老师都是遇到过类似的事件才总结出这样的经验。

小学生有一个鲜明的特点，就是盲目跟从。有时候，某位同学的一句传言，被几个同学一传，全班同学都相信了。我也曾遇到过这样的事情。有一次，班里几个孩子急匆匆地跑来办公室告诉我：“饶老师，小亮偷了佳佳的 50 元钱。”我连忙赶到教室里，只见佳佳在伤心地哭，她说那 50 元钱是早晨妈妈给她下午去书店买教辅资料的，她一直放在文具盒里，谁知道上完体育课回来就不见了。小亮是佳佳的同桌，此时也红着脸坐在座位上急忙为自己辩解道：“不是我不是我。”

“就是他，就是他！”一群孩子都指着小亮，小亮也急哭了，气得呼呼喘气。

“好了！”我制止了孩子们的吵闹，问其中一个女生：“你怎么肯定是小亮？”女孩说：“是蒙蒙说的，她说小亮是佳佳的同桌，知道佳佳文具盒里有钱，一定是小亮。”我又问蒙蒙：“你看见是小亮拿的佳佳的钱吗？”蒙蒙摇摇头说：“没有，但不是他会是谁呢？”

“大家听见了，蒙蒙只是猜想，请同学们不要凭一个同学的猜想妄下结论，这件事情老师会再调查，大家不要再谣传了。”听我这样说后，孩子们才散开了。

后来这件事情的结果出乎意料，佳佳那天早晨根本忘了把50元钱放进文具盒，是她自己记错了，那50元钱还在家里的书桌上。第二天，佳佳就诚实地告诉了我，并且向我道歉。我也在全班公布了这件事，那些冤枉小亮的孩子都向小亮道歉了。我趁机教育学生，在教室里，东西不见了，先找找看；若其他同学有相同的东西，先问清楚；如果确认是你的东西，先了解事情始末；若自己无法判断，不要轻信他人的话，可以求助老师。

因此，你完全可以鼓励你的女儿将对张同学的怀疑告诉老师，在告诉老师的时候，只需说出自己怀疑的理由，不必肯定是张同学所为。由老师处理这类事情，对于厘清事实和事后指导张同学都有实质上的帮助。如果你的女儿不愿意对老师说，你也可以直接向老师反映这个问题，同样，在反映的过程中，只要陈述事情的经过即可，不要给予太多自我的评价和解决的办法，应该把处理事情的方式方法交由老师决定。这样做，既能维护当事孩子的自尊心，也能让老师对你的行为大为肯定，认为你是一个好家长。至于事情的结果，你不必再追问，任何一件事情的发生都有背后的因素，家长既然反映了问题，就可以放心把问题交给老师，相信老师会有公正的处理。

同时，在这件事情上，你还可以和自己的女儿好好聊一聊，告诉她，每一个同学犯这样的错误总会有一些原因，也许是她出于好奇，也许是她物质匮乏，也许是她一时冲动，也许是她还没意识到“不是自己的东西不能随意拿走”……但只要通过老师或家长的帮助，就可以纠正她的不良行为。作为同学，也应该对她抱有宽容的态度，相信她可以改正。如果采用极端的做法，让她当众抬不起头，不仅不能让她很好地纠正自己的行为，还会影响她的一生。

# 小学转折期：
# 孩子的问题都是成长的问题

## 想给女儿换座位怎么那么难

我家女儿很乖巧，可她的那个同桌却是班里最调皮的，经常欺负同学，上课总是爱捣蛋，有时扯我家女儿的头发，有时硬要找她说话。我女儿不理他，他就揍我女儿。每次女儿回来给我讲起同桌欺负她的事情，我都一肚子火，我不明白老师为什么把这样的调皮蛋放在我女儿身边。于是我到学校向班主任老师提出给女儿换座位，老师明显有些不高兴，口口声声说为难。我不甘心，干脆找到校长提出自己的希望。校长却说，这事儿他管不着，还是和班主任沟通比较好。没想到女儿回家后哭着责怪我不该去找校长。原来这事儿被班主任老师知道了，老师不但没给女儿换座位，还在全班批评女儿什么都依赖家长。难道我的女儿还要继续受那个调皮蛋的罪？为什么想帮孩子换个座位那么难？

如果要把老师最烦心的事儿排个 Top10，那么“家长要求给孩子换座位”一定位于前三。

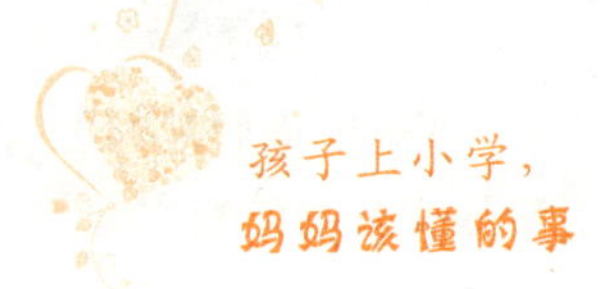


家长要了解，有经验的老师们在给学生排座位时，往往会遵循以下几个原则：1. “特殊化”原则：这里的“特殊化”主要是让近视的和个子较矮的同学坐在前面；2. 互补原则：一个班级的几十名学生性格差异性很大，有的外向，爱说爱笑；有的内向，不善言辞；有的好动，难以管理自己；有的安静，自控能力强。让不同性格的学生坐在一起，既可以使学生在性格上得到互补，也可以使老师更好地管理班级；3. 男女生交错原则：让男生和女生交错相坐，可以使男女在交往中逐步建立起友谊，培养学生健康的心理；4. 定期循环原则：每周换一次座位，按照事先定好的循环更换的办法和顺序，时间到了，学生自动调整。

我想你的女儿和调皮蛋做同桌可能是老师参照的互补原则，这其实也说明老师特别信任你的孩子。从这个角度来说，你应该感到高兴。

老师不愿意轻易给孩子换座位的原因是，若给一个孩子换了座位，更大的麻烦会接踵而来——很多家长知道了，也会通过各种途径，拐弯抹角找到老师，要求给孩子换座位。甚至有个别家长会直接找到学校校长或者教育局的领导给老师打招呼，要求给孩子“特殊待遇”。老师们其实最反感部分家长用领导的权威来压制老师。哪怕最后碍于情面给孩子换了“黄金”座位，老师的心里也不舒坦。

每个班都会有几个调皮蛋，但相对孩子今后的人生路，几个调皮蛋实在算不了什么。有时候，孩子不能和同桌好好相处，别把所有的责任都推到同桌身上。你要做的是引导孩子怎样与不同性格的人相处，毕竟，孩子在成长的过程中要遇到形形色色的人，做家长的，你能一辈子跟随他，并替他过滤掉周围那些不好相处的人吗？

有一个老师给我讲过她教女儿的事情，希望对你有所启发。

她的女儿在小学三年级的时候，经常被一个男生欺负，那个男生动不动就打她，孩子很委屈，回家找到妈妈诉苦。按一般家长的做法，妈妈一定会到学校，找老师告状，或者找到这个小孩直接教训一顿，更何况妈妈本来就是该学校的老师，完全可以吓唬那个男生。但是她的妈妈没有这样做，只是很平淡地告诉女儿："你已经长大了，遇到困难应该自己想办法解决，你如果能不依靠父母解决这个问题，那妈妈会为你骄傲。"后来，女儿过生日那天，请了几个好朋友到家里来玩儿，妈妈发现其中就有以前那个经常欺负女儿的小男生，女儿对这个小男生呼来唤去，小男生言听计从。妈妈问女儿："他不是老欺负你吗？现在怎么全听你的？"女儿骄傲地说："现在在班里，没谁敢欺负我！"妈妈问："你用的什么方法让他听你的啊？""这是秘密。"女儿调皮地说。

孩子被同学欺负，回家告诉家长后，家长最好不要去学校，即使是你家孩子受到了委屈。如果家长亲自去学校帮孩子

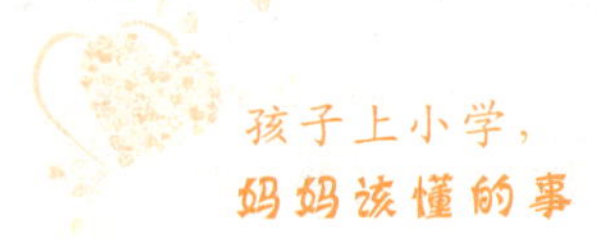


“解决”问题，这种做法会令孩子变得对家长有依赖感。孩子可能会相信只有依靠别人，甚至是“权威”才能解决问题。

其实，我们从另一角度看，就会发现孩子被欺负的遭遇，是一个很好的学习机会。它可以培养孩子解决问题和保护自己的能力，以及如何更好地与同学沟通和相处。当孩子回家向家长哭诉和同桌之间的矛盾时，家长要耐心地聆听孩子的感受及想法，并引导他该如何与同桌相处，鼓励他从不同角度思考问题，帮他找到与同桌相处的办法。假如孩子提到不恰当的做法，比如有报复或攻击性的行动，家长需要多花心思与孩子交流，并让孩子知道这种方式带来的后果，引导孩子往积极阳光的一面发展。如果孩子还是执意要求换座位，家长可以告诉孩子：“这是你自己的问题，我不会帮你跟老师说，你自己去向老师说明情况吧！”如果孩子没有依靠你的力量，而是通过自己的努力让老师给他换了座位，这也培养了他解决问题的能力。

当然，如果你的孩子和同桌总是闹矛盾，甚至影响到了孩子的学习或心理成长，你的孩子又特别胆小内向，什么都不敢说，总是忍气吞声，或者你的孩子真的是近视眼和有其他特殊问题，那么你一定要代孩子向老师如实反映情况，在反映情况的时候，着重强调孩子的问题，无需直接提出换座位。有经验的老师经过观察，如果发现你所说的问题确实存在，一定会主动给孩子换座位的！

## 孩子产生厌学情绪，怎么办

我的女儿叶叶从小天真活泼、有灵气，无论在幼儿园还是小学都是品学兼优的学生。可自从小学四年级以后，不知为什么，叶叶的成绩开始下降，许多以前成绩比她差的同学都超过了她。看见叶叶回家越来越不开心，我们做家长的也很着急，不停地安慰她，鼓励她继续加油，一定可以提高自己的成绩，但是叶叶不但没有要加油的样子，反倒对学习越来越没有兴趣。以前一回家就做作业的习惯也变了，总是玩到很晚才做作业，有时甚至不完成作业。有几个早晨，叶叶还哭着对我说："我不想去上学。"我自然不答应，她就说自己肚子疼。最初，我以为她是真的身体不舒服，允许了几次她不上学，帮她给老师请假。可是后来，我发现她根本就是撒谎，是找理由不去上学的。我不明白，一个好好的孩子为什么就会厌学了呢？于是我主动找到叶叶的班主任沟通，班主任告诉我，因为叶叶学前教育不错，在低年级还算优秀，但进入高年级后，学习上明显后劲不足，知识面也显得不如其他同学宽，在回答老

师的问题或与同学在一起聊天时，经常答不出来或插不上嘴。这期选班干部时又落选了，由以前的学习委员变成了普通同学，孩子心里肯定很不是滋味。

了解到了这些情况，我才明白孩子厌学的原因，肯定是因为她落选了班干部，内心有很强的失落感，害怕再面对老师和同学，害怕大家看不起她，所以才不愿意去上学。面对这样的情况，我该如何帮助孩子重拾以前的信心呢？

每一个孩子在最初都是热爱学习、热爱探索新鲜事物的，可为什么随着时间的流逝，有的孩子逐渐失去了对学习的兴趣，甚至变得厌恶上学呢？这其中总是有各种不同的原因。当孩子对学习产生厌烦情绪时，往往会出现焦虑、懒惰、疲惫、学习效率下降的情况，有的甚至导致逃学等行为。如果家长没有及时观察到孩子这些异常的表现，那孩子将会偏离正常的生活轨道，越走越远。

庆幸的是，叶叶的妈妈很快发现了叶叶的问题，并积极与叶叶的班主任进行沟通，了解到了孩子厌学的原因。

叶叶原本是一个优秀的孩子，但也是一个敏感的孩子，因为学习下降、班干部落选，她产生了说不清的威胁感，感到自己将被人甩在后头、被人瞧不起，很苦恼，从而不能好好听课、认真学习，成绩一天不如一天。她渐渐地产生了自卑、恐惧心理，害怕到学校上学，怕见到老师和同学，每天上学都十分紧张，学习不能进行，情绪紊乱，成绩一落千丈。

叶妈妈要消除叶叶目前的厌学情绪，首先要帮助孩子减轻压力，告诉孩子："无论你在学校是第一名还是最后一名，无论你是班干部还是普通同学，在爸爸妈妈心中，你都是最优秀的孩子。"等孩子的心情稍微放松一下后，再去跟孩子好好沟通，了解她内心的真实想法。同时，不妨告诉她你自己一些失败的经历或目前正在承受的压力，让她明白，其实，现实生活中，每个人都要经历一些挫折，或承受或大或小的压力。这样一来，孩子就会明白，原来父母在像她这样大，甚至比她还小的时候，也遇到过类似的情况，她并不是一个特例。她所遇到的，不过是大多数人在成长的过程中都会遇到的情况而已。有了这样的认识，孩子的心多少就有些释然了。

接下来，更主要的是要给叶叶鼓气，让她重拾信心。要给孩子鼓气，家长先解决自己的一个认识问题，那就是：尽量放低对于孩子的期望值，帮助她制定一些切实可行的学习目标，并且让她知道，无论如何，只要她努力了，哪怕每次进步只有一点点，或是照旧在原地徘徊，你也会看到她的努力，并相信，只要她继续努力下去，成绩一定会有起色的。表扬与鼓励对于孩子真的有着神奇的力量。我始终相信这样一种观点：你希望你的孩子成为一个怎么样的人，她就能成为一个怎么样的人。当然，鼓励孩子的同时，也要正视她的缺点和学习中存在的问题，帮助她分析成绩下降的原因，因为只有找到原因，才

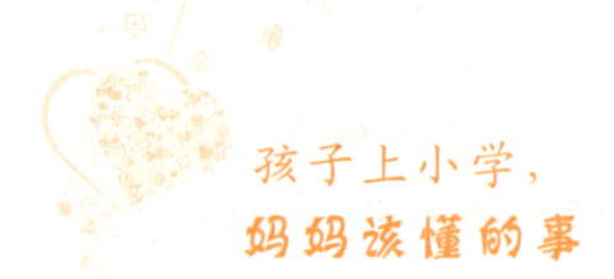


好对症下药。

此外，家长常和老师保持联系和沟通很重要。毕竟，老师和学生在一起的时间非常长，对学生的学习状况要比家长清楚得多。但现在一个班的学生基本上都是几十人，对于老师来说，不见得能关照到每一位学生。所以，如果你想让自己的孩子得到老师的关注，就必须积极主动地与老师联系。当你不闻不问的时候，老师也许真的讲不出孩子太多的问题来，但当你和老师联系沟通得多了，我相信，老师一定会留意你孩子的表现，并且能非常有针对性地提一些意见和建议。在你请求老师严格要求孩子的同时，也要请求老师对于孩子的进步及时表扬和肯定，因为来自老师的表扬和肯定，尤其是当着全班同学的表扬和肯定，这对于孩子来说，无疑是莫大的荣誉和鼓励，其作用不亚于给心力快要衰竭的人打了一针强心剂。也许，你花了很大的工夫都没能让孩子重新树立起来的信心，老师的一次全班性的表扬，就能奏效。

还有一些厌学的孩子，大多是由于对学习缺乏兴趣。所以，家长和老师应采取各种有效方式，让孩子生动、主动地学习。对每一个正常的孩子来说，学习本来就是一种需要，但学习枯燥无味，必然压抑孩子的求知欲望，挫伤孩子的学习积极性。作为家长和老师的我们，应努力帮助孩子们创造一个温暖宽松的学习环境，尽量减轻孩子的学习压力，让他们感受到求知的快乐。

# 孩子把老师气哭了，怎么办

我的儿子洋洋从小就非常有个性，他认定的事情别人很难去改变。那天，我去学校接儿子，儿子的同学纷纷上前告诉我同一件事：“阿姨，今天上语文课，洋洋把吴老师气哭了。”我仔细一问，才知道事情的经过：原来，上语文课的时候，洋洋的同桌西西碰碰洋洋的胳膊肘，问洋洋问题，但因为西西说话太小声，洋洋没有听见，于是他便转脸凑过去问西西说的什么？结果就这个转头说话被吴老师看见了，吴老师便让洋洋站起来回答问题。洋洋因为说话没有听见吴老师问什么问题，于是没有回答出来。这时，吴老师便批评他上课说话，不认真听课。洋洋连忙为自己辩解道：“是西西先找我说话的。”吴老师却说：“别狡辩了，我看见你先说话的。”洋洋顿时生气了，激动地当着全班指着吴老师说：“我先讲话我是猪，我没有先讲话你就是猪。”并且，洋洋还立即拉起同桌西西为他作证，西西只好说实话：“是我先问洋洋问题的。”吴老师也许是下不了台，气得当众就哭了起来，那节课都没有再上下去。

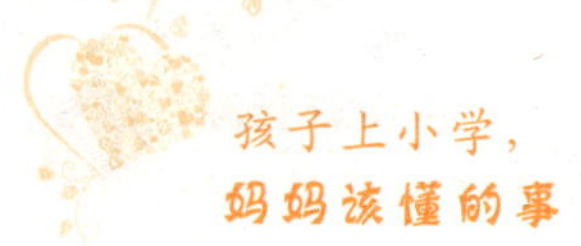


虽然吴老师并没有通知家长，但我知道这件事情后立即教育了洋洋，说他对老师不尊重，让他去跟老师道歉，但是洋洋硬是不愿意跟老师道歉，还说是老师先冤枉他的，要道歉也是老师先道歉。

唉！作为家长，发生这种事情后，如何处理才能不得罪老师也不伤害孩子呢？

老师也是平凡人，也会有喜怒哀乐，也会有无法自控的时候。调查得知，相对中学老师和大学老师而言，小学老师是最容易被气哭的。原因有二：一是现在的小学生多是独生子女，个性较强；二是家长对孩子很宠爱，有时会对老师有误解，甚至曲解。当然，小学生天真可爱，老师也很容易被感动得热泪盈眶。因此，小学老师在学生面前流泪，一般是压抑不住心中的委屈，或是埋藏不住内心的感动。

很显然，吴老师属于前者，她一定像很多老师那样，认为自己是对学生认真负责，才会指出学生的错误，希望学生能改正。没想到洋洋不但不承认自己的错误，还当着所有同学的面说伤害老师的话。吴老师觉得自己的付出不但没有被肯定，还遭到了学生的不理解，内心难免委屈，所以流下了眼泪。

很多小学老师都有被学生或者学生家长气哭的经历，我也不例外。有一次，几个男生在班里打架，我问明了原因，首先严肃地批评了那位先动手的男生，没想到那个男孩子特别不服气，站在讲台上，对着我大呼："他们不挑衅我，我会打他们吗？为什么你只批评我不批评他们？"我说："我是首先批评先动手的人，再教育其他人，我说过，和同学之间发生矛盾，一定不能用武力解决，即使他们对你有言语上的伤害，你也应该理智解决。"我觉得我的说法没有错，谁知道那位男生还是不依不饶，居然说："你就是偏袒！因为我知道某某同学的妈妈和你是好朋友！"其实，我很清楚，我根本没有任何的偏袒，我努力想向这位男生证明，但他太激动，甚至冲出了教室，我怕他出事，跟着他追出去。他是六年级的孩子了，长得比我还高，一把推开了我，我摔倒在学校的操场上，胳膊肘被擦伤了，那一刻，我无比委屈，流下了眼泪。

事后，孩子的妈妈立即找到我，向我赔礼道歉，说是孩子不对，希望我原谅孩子。其实，我根本没有怪过孩子，只怪自己的教育方式还不够灵活，才会造成这样的结果。我一如既往地对待那位男生，甚至比之前对他更负责，尽管他总是回避我的眼神，但我相信我的真诚孩子能感受得到。毕业的那天，很多同学都和我依依不舍地告别，那位男生留在最后，递给我一张卡片，我打开一看，上面写着："饶老师，对不起，你是我最好的老师！"我的眼眶一下子就红了，拍了拍他的肩膀，说不出话来。

所以，当家长知道孩子把老师气哭以后，别把事情想象得那么严重。老师只是一时间控制不住自己的情绪流下了眼泪，

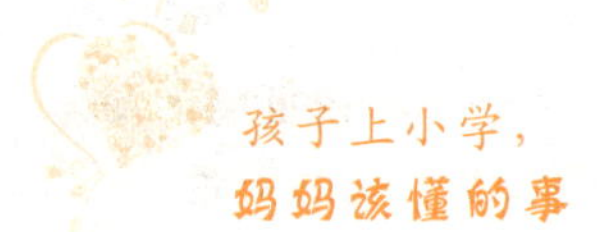


爱孩子的老师一定会在事后反省自己的问题，不但不会记恨孩子，还会改变自己的教育方法，让孩子自己认识到他的错误。当然，家长应该第一时间找到老师，代孩子向老师赔礼道歉，老师一定会感到备受理解和尊重，受伤的心也会很快平复下来。至于孩子，如果认识到自己的错误，愿意向老师道歉，家长应鼓励；如果孩子不愿意，家长也不必勉强。一段时间以后，相信孩子能慢慢理解自己的老师。

如果遇到师德品质欠佳的老师，因为被孩子气哭，刻意针对孩子，对孩子百般刁难或者冷眼放任，这时候，家长可以借助学校领导的帮忙。跟领导诚实地说明事情的经过，让校领导来协调此事无疑是最好的办法。

## 孩子爱上网，约定很重要

我儿子今年上五年级了，学习成绩在中游。他很爱玩电脑，爱上网，每天总是草草地完成作业后就坐到电脑面前，我怎么也制止不了。为了不让他上网，我干脆把家里的网络停用了。没想到，儿子和我大吵一通，还以不再上学为要挟，让我不准停网络。他爸爸气得狠狠“教训”了他一顿，他才不敢不去上学。但是，后来我发现儿子放学回家的时间越来越晚。我们家离学校很近，步行不超过10分钟，平时孩子也不需要家长接送。于是，我在儿子放学的时间偷偷地去学校跟踪了他，才发现他没有走回家的路，而是跟着另一个男生回家了。后来一审问儿子，他说，是为了去那个男生家上网。因为上网这件事情，儿子和我们做父母的闹得很僵，现在在家里几乎是不说话。我们难道做错了吗？

我想说：你们真的做错了。

孩子接触网络并非是坏事，网络能够丰富孩子的视野，能

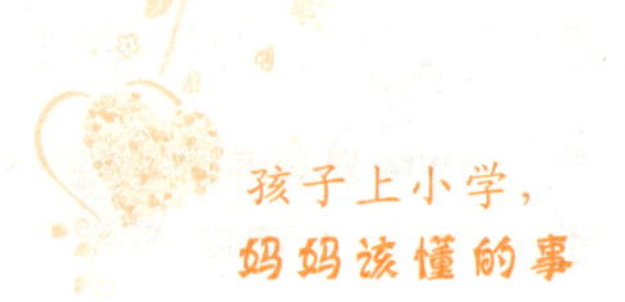


够带给孩子很多新鲜的体验。有些家长谈“网”色变，是因为他们只关注青少年沉迷网络的负面消息，而没有亲自去体验网络世界，接受和了解网络带来的正面讯息。其实，在孩子上网的过程中，最需要的不是家长的监督与制止，而是家长的引导和帮助。

沉迷网络的孩子有的是因为和父母的交流与沟通不够，孩子感到孤独寂寞，还有的是因为父母对孩子的教育方式太专制，让孩子产生逆反心理。

如何让孩子上网不上瘾？首先是在孩子接触网络初期，父母应该和孩子建立一定的规则。跟孩子定下可以上网的频率和时间，并且做到家里的每个成员都遵守。良好的开始是成功的一半，从一开始就设置规则，那么，以后孩子独立上网时就能很好地控制自己了。接下来，父母要做的是，观察孩子去了什么网站，你可以向孩子了解这些网站的内容，还可以和孩子玩同样的游戏，或者体验同样的网络世界。在这个过程中，你不仅能找到和孩子共同的话题，走进孩子的心灵，也能及时帮孩子过滤一些不健康的网站。

我曾经教过一个学生叫晓波，他平时很喜欢玩游戏。我在一次家长座谈会上，让家长畅谈自己的教育心得，和大家分享，晓波妈妈的讲述让所有的家长都受益匪浅。“晓波最喜欢玩电脑游戏，每天回家做完作业就开电脑玩，我一训他他就给我来劲，甚至还说不让他玩电脑他就不上学啦，有时我恨不得把电脑给砸了！我怕晓波的视力受损，更怕他有了网瘾戒不掉。为这事，我经常责怪晓波爸爸，怪他没事也伙同孩子玩游戏，不管教孩子。晓波爸爸问我：'你知道晓波玩的什么游戏吗？''我不需要知道。'我气愤地说。'那晓波平时给你讲他的心事吗？''他平时见到我像仇人似的，话都不想跟我说。反正在家里你扮好人我扮恶人，你满意啦？'我越说越生气。后来，晓波爸爸认认真真地跟我长谈了一次，他让我改变和儿子的相处方式，试着和儿子一起玩游戏，说不定会有新发现。虽然我很不情愿放下妈妈的架子，但也答应了晓波爸爸试一试。于是，晓波玩游戏的时候，我没有再大呼小叫地制止他，而是走到他身边，装作很有兴趣地看他玩。起初，他并不理我，还会轻蔑地问：'你看得懂吗你？'我也不生气，笑呵呵地说：'看不懂你教我呗！'后来，他见我在一旁待着无聊，也会主动地说：'你想玩就告诉我，我可以找双人的游戏，我们一起玩。'就这样，我开始同孩子一起玩游戏了。不玩不知道，一玩我还真发现了游戏的乐趣，而且有很多游戏不仅要眼疾手快，还要开动大脑，不是我当初想的全是打打杀杀毫无意义的东西。因为每天玩共同的游戏，晓波跟我说的话也越来越多了，有时我也故意转移话题，让他谈谈在学校发生的一些事，他也乐意跟我讲。而且，我们还约定了玩游戏的时间，每天家里 3 个人，每人轮流玩半个小时。晓波很愿意遵守这样的规则，他玩的时间结束后会主动离开电脑，让给我或他爸爸，他就会去看看书，做点其他感兴趣的事情，这样的方式，比我当初呵斥他不准上网效果好多了。”

网络不是洪水猛兽，家长完全可以让孩子大胆地接触网络。但同时，家长也要学习、了解网络，担负起引导孩子的责任。家庭应该把电脑放在书房等公共的地方，每个成员上网都应该是透明的。你也可以同孩子讨论网上他遇到的问题，帮助孩子平衡上网与学习的关系，引导孩子在网络空间中作出判断。

当然，家里的业余生活一定要丰富，除了上网以外，还应多组织一些户外的活动，带孩子接触大自然，郊游、做户外游戏，或者在家里定期展开阅读分享会、甜品制作会等等，转移孩子对网络的依赖。

# 90分胜过 100分

可能是因为我念书的时候成绩还不错，总是班上的前三名，所以我对女儿学习上的要求也很高。每一次孩子考试，我都希望她能全力以赴，考出最好的成绩。我认为只有从小成绩名列前茅，才能一路凯歌。但是，女儿总是不能令我满意，每次考试都只能考 90 多分。看她的试卷，她错的地方都不是不会，而是粗心或者没有认真理解题意。我也想过一些激励孩子考 100 分的方法，比如承诺她考了 100 分我就给她奖励或者带她去旅游等等。但是都没什么效果，她还是考不了 100 分。“班里也有考 100 分的同学，你为什么就不能争取考 100 分呢?”每当我这样对她说，她总是顶撞我：“你去考 100 分吧!”我觉得孩子很不思进取，该怎么办?

我很不理解，为什么有些家长非要让孩子考 100 分，才觉得心里舒服？作为一名老师，我也希望我的学生成绩好，曾经也梦想过每个学生都能考 100 分，但后来，我渐渐开始痛恨这

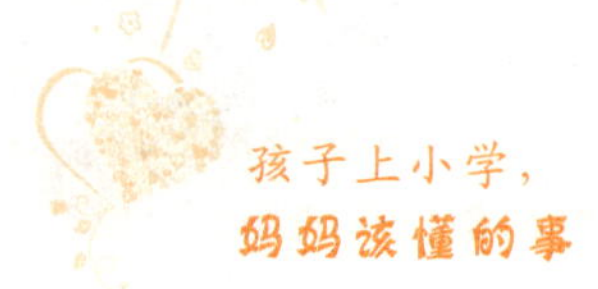


个“100 分”。

我们先来看看低年级学生在作业本上的造句吧！

“希望——我希望我每次考试都考 100 分！”

“梦想——我的梦想是每次考试都考 100 分！”

“高兴——我考了 100 分，我真高兴！”

“表扬——我考了 100 分，妈妈表扬了我。”

“如果——如果我每次考试都能考 100 分该多好啊！”

……

类似这样的句子还有很多，不难看出，小小的孩子们对 100 分是多么的渴望，仿佛除了 100 分，就没有让他们觉得更高兴的事情了，这其实是一种教育的悲哀。家长对 100 分的过分追求，投射在孩子的心中，轻则导致孩子考试紧张，学习焦虑；重则让孩子失去了学习的兴趣，认为学习的唯一目的就是为了考好成绩。正是这种十全十美的偏执心态，让家长忽视了对孩子内在进步的肯定，也伤害了孩子的自尊心。

我教过一个学生，叫苗苗。苗苗是班里的学习委员，平时成绩很优秀，经常考 100 分，但一到期末考试就发挥失常。有一次，苗苗在期末考了班里的倒数第二名，连试卷都没有做完。虽然我没有批评苗苗，但苗苗知道了自己的成绩后在班里嚎啕大哭，任谁劝都没有用，甚至死死地拽住桌子，坚决不回家。我只好通知苗苗的妈妈来到学校。苗苗的妈妈一到学校听到这个情况后，也十分生气，责骂着苗苗：“你这孩子，不知道怎么回事，明明告诉你了，考试不要紧张，仔细做题，你就是不听话！”

其实苗苗妈没有意识到，正是她对孩子过于完美的要求，让苗苗希望每次考试获得100分，所以一到重要的考试，这种愿望就更加强烈，从而导致过度紧张，出现不该有的失误。

100分仅仅是一个外在的符号，它并不能完全代表孩子对知识的内在兴趣和把握。当家长和孩子开始沉溺在对100分的“虚荣”中，就已经陷入了学习的牢狱。

就这些年我当老师的经验来看，一个在学习上优秀的孩子，特别是进入初中后学习越来越好的孩子，在小学阶段通常不是经常考100分的那一类，而是长期稳定在90分左右的那一类。这类孩子学习轻松，没有压力，有很好的学习方法和心态，往往后劲十足。

作为老师和家长，都是希望孩子成绩优异。但在希望的同时，一定要保持平常心态，分享孩子的进步。“100分并不能说明什么”我们要在心里反复暗示自己。除掉了100分的执念，我们就会发现孩子很多的进步，如孩子做题变得仔细了，书写变得优美了，作业速度提高了等等。我们要学会体察孩子的努力，分享孩子的进步，并大声地表扬孩子的进步。这样，孩子会在我们的表扬声中加倍努力，取得更好的成绩，而“100分”也不过就是锦上添花的事情。当孩子真的获得100分时，不必过分夸奖，应该给予像孩子取得其他进步时同等程

度的赞扬。

当然，表扬孩子的进步，并不意味着我们可以对孩子的错误忽视不管，我们要和孩子并肩努力，一起分析错误的原因并想办法去改正。比如，你可以这样对孩子说："孩子，这次考试你取得了这些进步，我很高兴。现在，让我们一起来消灭这些错题。"

其实对于小学生的错题，无外乎三种情况：一是不会做，二是审题错误，三是粗心大意。对于不会做的题目，和孩子一起看看书上的相关知识点，再更正答案；对于审题错误，帮助孩子重新理解一遍，告诉孩子每次考试多审几遍题目的含义；对于粗心大意的错误，要培养孩子平时做完作业后自己检查的习惯。

作为家长，一定要记得，孩子长期稳定的成绩比偶尔获得的 100 分更值得赞扬。如果你的孩子长期都停留在 90 来分，你应该感到高兴，你要做的，只是充分肯定孩子的成绩，并且帮助孩子找到更好的学习方法，孩子一定会在以后的学习生涯中带给你超过 100 分的惊喜！

# 警惕“恋子情结”阻碍孩子的成长

我是一个全职太太，丈夫常年在外地工作，家里就是我和儿子两个人生活。朋友说我有恋子情结，我不知道自己算不算，反正我觉得自己的儿子是天下最可爱的孩子。我从来不觉得儿子已经长大了，在我眼中，他一直是我的“乖宝宝”。儿子上五年级了，学校离家步行需要10分钟，但为了保证孩子的安全，我还是每天坚持接送他。

但是这段时间，我发现一向乖巧的儿子突然和我唱对台戏了！这让我非常生气。

首先，儿子不准我再去接送他，他要自己一个人上学和回家。接着，他表示过无数次的抗议，说要换发型。儿子从小到大都是保持的一个发型——额前一排整齐的刘海——这让他看起来特别可爱，我当然不愿意他换掉。谁知道儿子来了个“先斩后奏”，背着我把可爱的发型换成了一个“小平头”。对于儿子和我对抗的各种行为，我感到很担心，赶紧去学校找孩子的班主任交流。班主任没说什么，让我去她办公室，给我看了一篇儿子的作文。我当时就懵了，完全没有想到，我眼中的“乖宝宝”在学校居然受到这么大的“屈辱”。

那篇作文叫“妈妈，我想对你说”，儿子写道：“妈妈，我想对你说，我不喜欢我的发型，男同学都喜欢在我的头上摸来摸去地喊着‘胖盖盖，胖盖盖’，我觉得很屈辱；同学的生日宴会没有人愿意请我，理由是我长得呆头呆脑，而且我的马桶盖发型有损镜头……妈妈，我想对你说，别再叫我‘乖宝宝’，我已经长大了……”

孩子的作文让我很困惑，难道我对孩子爱的方式错了吗？

因为孩子的爸爸常年不在家里，所以儿子完全成了你的寄托，你总把儿子当小小孩看，却不曾意识到，孩子已经悄悄长大了！你对儿子的过度保护，阻碍了儿子独立性的发展，因此，儿子在成长的过程中，显得比同龄人弱小，觉得自己处处比别人差，不能融入同龄人中，从而容易受到同学的排挤或欺负。如果照此下去，孩子以后一旦离开家长，就变得束手无策，无法自己解决问题。

所幸的是，孩子已经意识到自己的问题，他开始反抗你的过度保护，首先剪掉了伴随他多年的马桶盖发型，他是以这样最直接的方式来提醒你：“我已经长大了”。

孩子的老师处理得很好，她借用孩子的作文来告诉你孩子的心里话。孩子的作文搭建了一个桥梁，让你们母子得到了沟通，这比旁人的说教起到了更直接的作用，也让你反思了自己的行为。过度的保护，看似对孩子关爱备至，却剥夺了孩子成长的最佳时机，在他们本该学会生活自理、自立的年龄，失去了锻炼成长的机会。

有些全职妈妈对孩子的爱表现得过头，甚至可以说是极端。她们希望孩子在感情上完全依赖她，潜意识里也就会想完全掌控孩子的心，虽然是以爱的名义，但这种不正常的过度关爱的情感，只会对孩子的人生起到反面的作用。爱孩子要有正确的方法与方向，太少会疏远关系，太多就会溢出来，无形中给孩子增加了压力，不利于家庭的和睦，阻挡了孩子人生道路的健康发展。

爱孩子就应该给孩子更多的空间，而不是把孩子紧紧地绑在身边。

孩子在成长的过程中，必须要经历一些磨难，不经历风雨怎能见彩虹。“酸甜苦辣都是营养，生活百味都要体验。”我们应当把孩子成长的机会还给孩子，让他们自己面对生活中的衣食住行，敢于承担自己所作决定带来的后果，在失败、吃苦、受挫中，学着长大。当然，孩子的独立能力不是一天两天就能养成的，要通过渐进式的成长才能形成。因此，父母要适当制造机会让孩子学习，多给孩子适度的探索空间，逐步学会独立地面对事情。

如果害怕孩子受到伤害，父母要帮助孩子建立危机意识，

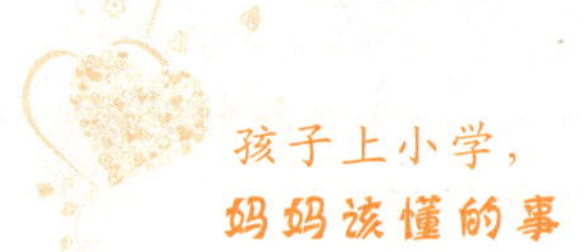


学习保护自己的方法，教会孩子在面临危险时知道该如何应对。

爱孩子的妈妈们，试着放手，给孩子一个自由的空间，用心去爱，用脑去爱，相信你们的孩子会在成长的道路上快乐前行。

# 孩子转学如何适应新环境

我的女儿宁宁今年读小学四年级，由于我和她爸爸事业的发展，需要我们全家从北方搬到南方居住，宁宁也要转到南方的学校读书。我和宁宁提起转学之事，她非常抗拒，嚷着不要转学，不想离开现在的老师和同学。宁宁的学习成绩一直很优异，在班里也一直担任班长，获得了很多的荣誉，自信心非常强。坦白说，我也非常担心她到一座新的城市一个新的班级，老师不可能立即发现她的优点，她肯定会有心理上的落差。为此，我十分苦恼。如果孩子不愿意转学，难道我们要牺牲自己的事业？或者为了我们的事业，硬逼着孩子转学？万一她以后不适应新的学校，我们做父母的会不会后悔呢？

现代社会中，为工作而举家迁移的例子屡见不鲜，迁移对一个家庭而言，不仅是居住环境的改变，同时在生活上、心理上也必须重新做一番调适。这种调适对成年人来说可能会需要较长的一段时间，但对孩子来说，多数孩子能很快适应新环境，所以家长大可不必太担心。即便有的孩子适应力较弱，但只要父母用乐观的精神感染孩子，多和孩子沟通，多给孩子关心，孩子一定会很快融入新环境中。

这件事我有亲身的体会。今年，因为我和先生工作上的变动，我的女儿朵朵要从四川转到北京上学。起初，我也会有这样那样的担心，担心她学习跟不上，担心她和同学不能很好地交流，担心她在新环境感到孤独、不安……

孩子进入新学校以后，她每天放学回家，我都忍不住要问她："你觉得新学校怎么样啊？""你认识好朋友了吗？""你上课举手回答问题了吗？"但是，孩子都不愿意回答我。这让我更加担心了，担心她是不是不适应新的环境？于是，我去学校找到孩子的班主任，想和班主任交流一下孩子的情况。班主任的一番话彻底消除了我的忧虑，他说："朵朵表现很不错，和同学交流也很愉快，绝对是个优秀的孩子。"

作为父母，有时总是会用大人的眼光审视孩子，用大人的思维去判断孩子，其实孩子没有我们想象得那么复杂。当孩子面临新环境时，由于对周围人、事、物的不熟悉，在起初会产生一些恐惧和不安，但这种恐惧和不安在孩子认识新同学、熟悉学校环境后，就会慢慢消失。所以，父母不要太过紧张和在意，并把这种情绪传递给孩子，这样会造成孩子的压力。父母不如抱着一种轻松豁达的态度，让孩子觉得进入新环境是非常正常而自然的事情。

当孩子不得不面临转学的时候，首先，父母应该充分和孩子沟通对转学的看法，认真听取孩子的意见，这时千万不要反驳孩子，让他充分表达他的想法。如果孩子有抗拒转学的心理，父母可以告诉他新学校的一些优势，同时传递出对孩子的信心，对他说："以你的实力，无论在哪所学校，一定都可以得到老师和同学的认可！"父母还可以跟孩子分析：许多人只是生命中的过客，不管是现在还是将来，很少有人能够做到和同样一批人生活到底，怎样与那些地域不同、爱好不同、性格迥异的新人打交道，甚至成为朋友，这是多数人必须面对的、也是必须学好的一课。让孩子要把眼光放到更长远的未来，别以为孩子不懂这些道理，只要好好跟孩子讲，孩子一定会明白父母的良苦用心。

但是，如果孩子进入新学校以后，一直对学校抱着排斥、拒绝的心理，那么父母就必须仔细探讨孩子不满甚至厌恶新学校的原因，帮助孩子化解这些心理上的障碍。如果孩子是因为成绩跟不上，感到学习很困难，父母应该缓解孩子学习上的压力，除了帮孩子树立信心以外，也要告诉孩子"只要你努力了，分数不重要"，同时，父母要借助新学校老师的帮助，让老师在学校多给孩子一些关怀和重视；如果孩子是因为到新班级找不到好朋友，或是感觉自己一直无法融入班级中，父母可以主动替孩子制造认识新朋友的机会，例如让孩子邀请一些新同学来家里玩儿等，再鼓励孩子尝试与新同学多接近、多相处；如果孩子是不习惯老师的教学方法，或是孩子在上课时受到老师的批评，父母要多与老师沟通——老师的作用很关键——老师的鼓励会让孩子更快地融入集体。当然，父母也应该引导孩子发现老师的长处，这有利于孩子从另一个角度更客观地认识他人，也更全面地接纳和理解他人，对孩子的学习无疑具有积极的作用。

作为老师，我也曾经教过不少插班生。我发现，插班生往往会更加受到同学们的关注和欢迎，多数插班生能很快适应新学校的学习和生活。有的插班生甚至能在极短的时间内，说得一口当地的方言，让我不得不感叹：小孩子的适应力真是无比强大！

转学，对孩子来说是人生的一个转折，同时，也是一个新的开始。它不仅锻炼了孩子的交际能力、应变能力，还能让孩子从小适应不同的环境。从这个角度来讲，也算是一件好事。所以，家长应带着乐观积极的态度，鼓励孩子从被动适应新环境转变为主动融入新环境。

## 老师向家长求助，帮还是不帮

有一次开家长会的时候，我和老师聊天，她问起我和孩子爸爸的工作情况，我就和她说了，孩子爸爸在某个政府机关当个小领导，我自己做点小生意，当时顺口说了一句客气话："老师要有什么需要帮忙的，可以找我们。"后来没多久，老师就给我打电话，要我老公给她一个亲戚帮个小忙。虽然不太方便，我老公考虑到孩子，还是帮她办了，那之后，孩子回来说老师确实对他很照顾。前不久，老师又打电话给我，要我老公帮她老公换个工作。这个忙就不好帮了，搞得不好还会影响我老公的工作，我很想拒绝，又怕老师因此怀恨在心，为难孩子。不知道怎么开口才好，我真是愁死了……

出于对孩子的爱，有些家长总是希望有机会帮到老师，希望老师对孩子关注更多。我们可以理解家长的这种心态，但面对老师的求助，家长一定要记得四个字"尽力而为"，如果打肿脸充胖子，最后吃苦的只能是家长自己。

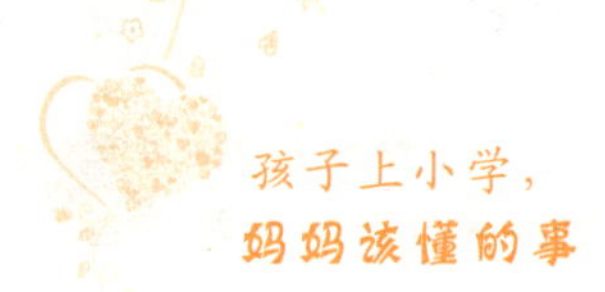


我认识一位张老师，他的一辆私家车在年审之前发现被扣了9分，因为扣分较多，张老师想咨询一下班里一位在车管所上班的家长能不能想个办法处理一下违章。这位家长当时立刻答应："没问题，这件事交给我来办。"张老师解决了心中的焦虑，也很是开心。后来，这位家长真的帮助张老师处理了违章，并对张老师说没有花一分钱。办公室的李老师听说这件事情，也拜托张老师请这位家长再帮个忙，处理一下他的违章记录。这位家长也很快办妥了此事。这下，学校好几个有私家车的老师听闻此消息，都找到张老师帮忙，而张老师想反正家长也没花钱，是利用职务之便而已，多次求助该家长。这位家长实在吃不消了，只好对张老师说实话，虽然他在车管所上班，但是是没有权利随意处理违章的，前几次都是他帮张老师交的罚款、找的驾照扣分的。张老师得知事情的真相以后，心里十分难受，不仅执意要退回该家长的钱，还不好意思对其他老师说。

多数老师是不会让家长帮忙的，但不排除个别老师有此类想法。当老师提出让你帮助的时候，你首先要分析事情的性质，你是否该帮或者是否能帮，如果不能，请立即表达你的歉意，告诉老师不能帮忙的原因，并诚恳地对老师说："不好意思，我实在无能为力，请您理解。"如果你当时不拒绝，过后再说帮不上忙，反倒给老师不好的印象，甚至造成老师的误会。

其实老师向家长求助，也是抱着试一试的心态，如果家长答应，自然是好事，如果家长委婉拒绝，老师也能接受，并不会对家长怀恨在心，或者牵连孩子。相反，如果家长碍于面子，勉强答应，帮完老师的忙又在背后说老师的坏话，这种家长才会令老师反感。

家长还要注意的是，不要随便对老师许诺，有时你的无心之语，老师会信以为真。

有一位家长，明明和老师住得较远，可他为了讨好老师，和老师第一次见面的时候就说："老师，以后我来接你上班吧，反正我们顺路。"没想到这位老师真的让他天天早晨接她上班，为了接老师，这位家长很早就要叫小孩起床，看到孩子可怜巴巴的模样，夫妻俩简直是苦不堪言，妻子埋怨丈夫不应该给老师这样的许诺，丈夫无奈地说："我哪知道老师当真了呢！"

还要特别提醒家长一点，家长和老师最好不要发生金钱的纠葛。

通常情况下，老师们是不会向家长借钱的，向家长借钱的老师是少之又少。如果你遇到了这种老师，一定要冷静地想一想，该不该借？借的话，要完成相关的程序，最好还应该有第三者在场；不借的话，也要聪明地拒绝。如果拒绝借钱之后发现老师有意针对你的孩子，你也应该向学校如实反映，对老师的职业操守提出质疑，必要情况下，将孩子转学。

# 偶遇老师吃饭，家长要不要帮忙买单

那天，我们一家三口去餐馆吃饭，刚点好菜，就看见孩子的老师一家也来这家餐馆吃饭。吃饭期间，我和爱人一直小声商量：要不要帮老师买单？爱人偷偷瞥了一眼老师那桌的菜说："他们没点几个菜，我们就买了吧！"我说："买了告诉他们吗？""当然要说了，万一他们不知道又再买一次呢？不能便宜了餐厅。"……儿子看着我和他妈妈嘀嘀咕咕的，好奇地问我们在说什么。我们又不便告诉儿子。最后，我们给老师买了单，告诉老师后，老师非得塞钱给我，大家在餐馆里拉扯了好久，儿子以为我们在和老师打架，差点急哭了。最后，我们死活没收老师的钱，成功逃开。

唉！做家长真难！但是以后遇到类似的情况，我们该不该继续为老师买单呢？

我首先想到的是，你那顿饭一定没吃好。

面对这样的事情，很多时候，是家长自己为难自己。其实，老师从没想过让你替他买单，但老师们也总会遇到这种“很懂人情世故”的家长。最后，怕的不是家长，而是老师。

有一次，我们办公室的老师一起去吃火锅，还没吃完，服务员就过来告诉我们：“那边一位先生已经替你们买过单了。”我们一看，原来是秦老师的学生家长，家长挥挥手潇洒地离去了。秦老师脸一下子红了，不停地说：“怎么办怎么办？这可不太好，他儿子很调皮，俗话说‘吃人的口软拿人的手软’，我可不想欠他的人情……万一我还他钱他不收怎么办……”

秦老师一直在担心，一直在纠结，搞得我们其他几个老师也食之无味了。本来大家之前还想点几个菜，但看已经买单，也不好再点了。好好的一顿饭，就被那个潇洒大方的家长给破坏了。

所以，你看，家长帮老师买单，怕的不是家长，而是老师。

当然有的家长会说，不是所有的老师都一样，万一遇到爱计较的老师，家长不给老师买单，老师会不会说家长太“小气”了呢？

不排除，有的老师喜欢占家长的小便宜，认为家长给老师买单是合情合理的事情。但作为家长来说，如果你没有这个经济实力或者说内心并不愿意做这样的事情而只是碍于面子，那么，我奉劝你别替老师买单，苦撑面子是痛苦的事情。

有一次，我遇到一个朋友，看到她做了新的发型，就赞美道："很漂亮，花了不少'银子'吧！"她撇撇嘴巴，对我说："我倒霉透了，本来做这个发型是500元，最后花了1000元。"

"啊？为什么？"我十分惊讶。

"做头发的时候碰到孩子的老师了呗！我原以为她只是洗洗头做个护理什么的，就让前台把她的消费算在我账上，谁知道她要烫发。我只好吃哑巴亏了……"

"哈哈，谁叫你要装阔呢！"我笑她。

"唉！不也是想着她能对咱孩子好些吗？"朋友无奈地说。

怎么对孩子好？难道你给老师买一次单，老师就天天把你孩子捧到掌心？姑且不说那些怕家长买单的老师不会这么做，即便是喜欢占家长便宜的老师，最多也只是在你为他买单后的那几天对你的小孩"刮目相看"稍微重视一下，时间一长，还不是该怎么教就怎么教，该怎么对孩子就怎么对孩子。难道你给他买一次单，他就能记你一辈子？

那么遇到和老师在同一个场所消费的情况下，家长该怎么做呢？

如果偶遇老师在同一个场所消费，家长首先应该大方地和老师打招呼，切忌装作没看见老师或者逃开，这样老师才会觉得你"小气"。

当你消费完准备离开后，请也有礼貌地向老师告别。不要为了不想给老师买单而"静静消失"，也没有必要在饭桌上磨时间，等待老师先吃完。如若被老师看出，反而造成不良印象。

尊敬老师有很多的方法，别以为给老师买单就能讨好老师。不是每个老师都爱贪小便宜的，为了让彼此都轻松，老师，家长，各买各的单吧！

# 怎样向老师争取孩子表演的机会

我和孩子的爸爸在菜场卖菜，每天都起早贪黑，没时间给女儿收拾打扮。女儿回家说老师和同学们都不喜欢她，同学们说她是“土包子”，说她家里穷，没人愿意和她玩。我的女儿从小喜欢跳舞，我们也省吃俭用，送她去少年宫练习舞蹈。我自己觉得女儿的舞姿还是不错的，但是每年学校组织活动，班里排演节目时，女儿总不会被选到。为此，女儿也很伤心，多次流着泪对我说：“妈妈，我也想去表演节目，但是老师总是不选我！”每次，我都鼓励孩子：“你去主动向老师争取吧！”女儿总是摇摇头说：“我不敢。”有时候，我也会责怪她胆小、没出息，但是责怪完孩子，我也很内疚，总觉得我们做家长的也有责任。谁叫我们家条件不好，孩子成绩也不太理想，老师又怎么会喜欢她呢？

今年的“六一”之前，班里又要排节目，女儿很想把握这个机会，她求我：“妈妈，你去学校给老师说说，让我参加跳舞的节目，好吗？求求你啦！”看着女儿充满期待的眼神，我真不知道如何是好，我也是不善言谈的人，平时跟老师很少交流，怎么好意思对老师开口呢？

看了你的问题，我不禁想到了曾经教过的一个学生，叫雅丽。坦白说，她是一个长相特别不讨好的孩子，眼睛小得眯成了一条缝，两个脸颊总是肿肿的，嘴唇也厚嘟嘟的。更要命的是，她才三年级就有近百斤重，圆鼓鼓的身子走起路来特别不方便。因为她这身材和长相，能被选中表演节目的几率确实很低。但每次班里无论组织什么节目，她都非常踊跃地举手要求参加，哪怕面对同学们的嘲笑，她也从不放弃。有几次，我实在是不忍心，把她选进节目中，但最后，她都会因为外形问题，被专业老师刷下来。尽管她也伤心，但从没因为这样放弃。终于有一次，班里排演的节目是诗朗诵，雅丽被选上了！起初，她站在最后一排，后来她对我说："饶老师，我想站第一排，这是我第一次上台表演，我想老师拍照的时候能拍到我，我好回家给爸爸妈妈看。"我答应了她，把她安排在了第一排的中间。没想到她的"重量级"特点和卖力的表情一下子吸引了观众和评委的眼睛，我们班的诗朗诵获得了全校的一等奖。我也借此机会表扬了雅丽，让全班同学对她刮目相看。

很多家长都希望孩子有机会在舞台上表现自己，但是并不是每一个孩子都有这样的机会。当没有机会的时候，我们又该怎样争取呢？

首先，做家长的应该告诉孩子，机会不是等来的，都是自己争取来的，越怕争取越没有机会，你只有努力做好自己，努力向大家证明你可以，才能赢得大家的肯定和尊重。再次，家长不要因为家庭条件差就给孩子灌输“我们家很穷”的意识，这会加重孩子的自卑感，对孩子的成长不利。

我曾经教过一个学生叫思思，她也是从农村学校转到我们班的。她刚来的时候，也是穿着土气，普通话蹩脚，成绩跟不上，不能融入班集体。后来有一天，有同学告诉我：“思思家很富裕，有很多钱！”我问：“为什么你们这么说？”孩子们才说，思思这段时间，每天都带好多文具或者小食品到校发给大家，有时甚至还给一些同学零花钱。我立即意识到事情的严重性，立刻找到思思，耐心沟通以后，才知道思思的这些钱都是偷她妈妈的。问她为什么这样做，她说：“因为妈妈经常说‘我们家是农村的，很穷。’同学们也嘲笑我家穷，所以我要证明我家很富裕，别人才不会小看我。”

孩子越自卑，越会被老师和同学忽视甚至歧视。要想让孩子不受歧视，家长自己就不能自卑，要给孩子足够的自信心，时刻告诉孩子：“你很优秀！爸爸妈妈永远支持你！”并且鼓励孩子在各方面尽力做到最好。

面对女儿的请求，建议你接纳。因为你女儿长期不被认可，她已经变得胆小自卑，这时，让她独立去找老师得到表演的机会，对她来说有着巨大的压力。你不如借此机会，去学校找老师交流一下孩子的情况。你提到平时很少去学校跟老师交流，也许老师根本不知道你的女儿喜欢跳舞，更不了解你们对孩子的期望和重视。所以，在和老师交流的过程中，坦诚说出你们当小贩的辛苦，你们对孩子的期望，孩子的爱好、心愿等等，让老师尽可能多了解孩子。你还可以这样对老师说："老师，我们家虽然不富裕，我们做家长的虽然不够优秀，但是我们和所有家长的心愿都是一样的，希望老师能给孩子一个表演的机会，让孩子更有自信面对今后的生活。孩子有哪些做得不好的地方，也请老师告诉我们，我们一定配合老师让孩子进步。"相信老师在听到这样的话语后，一定会想办法实现孩子的心愿。

当然，最重要的还是孩子自身的改变。你可以给孩子买一些励志类的故事书，让她知道无论身处哪种环境，都要学会以积极的心态面对生活。你也可以告诉你的女儿，坚定的信念和乐观的态度能帮助你赢得更多机会！

## 孩子身兼多职未必是好事

我的儿子上小学五年级了，他是个偏内向的男孩子，成绩优秀，内心也很善良，总是乐于助人，对别人提出的要求很难拒绝。正因为如此，老师也特别喜欢他。从小学一年级开始，老师就把班干部目标锁定在他身上，班长、课代表、卫生委员等等职务集于他一身。刚开始，儿子还挺自豪，觉得自己很能干，我们做家长的也十分感谢老师对他的栽培。但儿子念到三年级后，他明显觉得有些累了，以前的自豪感荡然无存，剩下的总是叹息和焦虑。因为班里好多事情全得他来做，每天他都是第一个到校，最后一个离校。在学校更没有休息的时间，要帮老师收发作业、监督不听话的同学，有时，还要帮各科老师批改作业。当老师不在的时候，他还要走上讲台当“小老师”，管理同学。每天他拖着疲惫的身体回家，还要完成自己的学习任务。累不说，有些同学还总是以异样的眼光看他，好像他是老师派在大家身边的卧底，同学们都有意和他保持着距离，很少有同学愿意和他交朋友。我看出了儿子的不开心，于是问他："你是不是不想再做班干部了，要不要我给老师说说。"儿子含着眼泪说："妈妈，我想做班干部，但不想做那么多，每个老师都让我做事，我真的觉得很累，如果我不做的话，又怕对不住老师。"听着儿子小小年龄说出这样的话，我也很难受，但我不愿意看儿子这样累下去，我该怎么去和老师沟通呢？

在我们老师中流传着这样一句话："优秀的孩子最累。"一个班级里，各方面都出色的孩子往往只有那么几个。老师们在需要孩子帮忙的时候，首先想到的也是那几个孩子的名字。一个班往往有不同学科的老师，如果每个老师都让同一个孩子做一件事情，那么这个孩子很可能就做了好几件事情。你说，孩子能不累吗？

或许有的家长会问，那为什么不让其他孩子去做呢？很简单，不放心啊！多数小学生都是懵懂的。老师们不是没有试过，有时候让某个孩子去布置回家作业，他口头答应得好好的，转身就忘得一干二净；有时让某个孩子送资料到大队部，他很可能就送去了后勤处；有时候，让某个孩子帮忙把作业本抱去办公室，他很可能在路上把本子撒一地，哇哇大哭。所以，老师们的心中总有那么几个放心的、合适的"小助手"，而这些小助手往往都是相同的几个孩子。如果各科老师之间缺乏沟通，这些小助手就会被频繁地抽到去帮助老师，或者在班

里担当各种职位、参与各种活动，超过了孩子的承受范围。当家长观察到这一情况后，有必要及时向老师提出。

小冰上小学三年级，因为各方面都很出色，不仅是班里的中队长，还兼任语文课代表、音乐课代表和美术课代表。每天在学校，她要领早读、管理课间操，还要收发语文、美术作业本，当音乐课的领唱等等。每天回到家，小冰都累得筋疲力尽，不想说话。小冰妈妈看见女儿嘴唇干裂，心疼地问："你在学校没喝水吗？"小冰这才诉苦，下课要管同学有没有扔垃圾，根本没时间喝水、上厕所。

看着女儿日渐消瘦的模样，小冰妈妈终于忍不住到学校告诉班主任作为母亲的担心。小冰妈妈说："我非常感谢老师们对小冰的重视，但是有时看到小冰边做作业边打瞌睡的样子，听着小冰说话沙哑的声音，我这个做妈妈的真心疼啊！"班主任这才意识到给小冰的任务太重了，完全超出了一个三年级孩子的承受能力，班主任不仅向小冰妈妈表达了歉意，并且和其他学科的老师沟通，很快调整了小冰的班干部工作，只给她留下了中队长一职。小冰终于可以卸下沉重的包袱，开心上学啦！

孩子在班里能当个"一官半职"，这对家长来说，确实是颇有面子的一件事，遇到熟人可以有意无意地炫耀一番。对孩子来说，能在小学阶段担任班里的班干部，对他的自信心、管理能力、交往能力等都是极大的锻炼。很多家长，虽然嘴里不说，但心里也的确希望孩子能“当官”。

对老师来说，一个好的班级非常需要能干的班干部团队，能干的班干部不仅能减轻老师的负担，还能凝聚班集体、活跃班集体、创新班集体。

有些人反对小学生中产生班干部，但作为一线老师，我认为这对中国目前的教育体制是不可行的，一个班几十个孩子，没有班干部，老师很难开展工作。但为了让更多的孩子得到锻炼，让优秀的孩子不要太累，班主任在设定班干部职位时，不能局限在传统的思维里，要根据班里孩子的特点尽可能多设置一些新颖的班干部职位，让多数孩子都能轻松胜任，为班集体服务。职位多、分工细、职责明，班干部自然也负担轻。

家长不能因为怕孩子受苦，反对孩子当班干部。当班干部的经验的确能提高孩子的领导能力、组织能力、协作能力等。家长应鼓励孩子主动参加班干部竞选或者直接向老师表明自己愿意做什么班干部，但切记不能通过送礼，走后门等形式让老师指定孩子当班干部，这样孩子往往得不到真正的锻炼。

班干部是老师的助手，但绝对不是老师的“奴隶”，如果老师长期让班干部帮忙批改作业、抄教师笔记，甚至代替老师上课，给孩子的任务远远超越了班干部的工作职责，家长一旦发现，一定要和孩子一起鼓足勇气向老师提出来。如果家长和孩子都保持沉默，老师不会意识到给孩子的负担太重，长此下去，孩子会被太多的任务“压垮”，造成难以预料的后果。

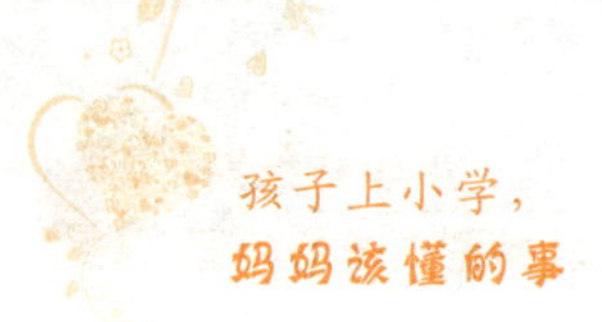


# 孩子在学校受伤，什么情况下学校有责任

孩子在学校上体育课时，老师让做游戏。孩子在游戏过程中不小心扭伤了脚踝，虽然孩子在学校买了意外伤害保险，但是我们也要承担一定的医药费。我家并不富裕，平时用钱也很节省，这次孩子扭伤脚花了不少医药费，如果学校有责任，我希望学校能负担一些。有朋友告诉我，孩子是在学校摔伤的，学校应当承担责任。也有朋友说，学校和老师没有责任，因为是我儿子自己扭伤的。孩子在学校受伤，什么情况下学校才有责任呢？如果学校确实有责任，作为家长，我们应该通过什么样的途径来要求学校负责呢？会不会因此得罪老师得罪学校，对孩子不利？

如果你问一个校长，学校管理中最重要的是什么？答案一定是“学生安全”。学校领导最怕的是学生出安全事故，老师最怕的也是这一点。但是我们都知道，学生是“活机器”，尤其是小学生，精力充沛，在学校里磕磕碰碰是经常发生的事情，没有哪一所学校能保证学生不出安全事故。当学生在学校里出了安全事故，多数家长往往也不知如何处理，如果是轻伤，就自己处理了；如果孩子受了较重的伤害，也不知道该怎么追究责任。

其实，只要孩子在学校里出了安全事故，学校未尽到教育、管理职责的，都应当承担责任，至于应承担多少，要视情况而定。

你的孩子是在体育课上扭伤了脚，学校一定有责任。不过，老师若是在游戏之前告知了安全注意事项，并且进行了监管，学校的责任会比较小，如果未告知也未做到监管，责任就比较大。

建议你应该第一时间找到孩子的班主任反映情况。你可以这样对老师说："我们并非怪罪老师，孩子扭伤脚也是自己不小心。但是事情发生了，我们家经济情况不太好，如果能得到学校的帮助我们万分感谢。"作为班主任来说，如果收到家长真诚的求助，一定会尽力帮忙。我在做班主任的时候，也会遇到类似的事情。有一次，我们班有个很调皮的孩子穿着溜冰鞋到学校来玩，不小心把自己的胳膊扭折了。按理说，这和学校没有太直接的关系，但是，我了解到孩子是留守儿童，父母都在外地打工。孩子的奶奶哭着对我倾诉："饶老师，我一个人带孩子，真不知道怎么办啊？我又不敢跟他的爸爸妈妈讲，怕他们担心……"看到老人家如此无助，我努力和学校领导协调。最后，学校不但承担了孩子的全部医药费，还派老师去帮助照顾孩子。

当你的孩子在学校受伤，如果你不说，老师和学校都不会重视这件事，有些不负责任的学校甚至会睁一只眼闭一只眼，大事化小，小事化了；但如果你冲动之下，找学校领导大吵大闹，提出各种赔偿，这样做是对班主任工作的极度不信任，会直接得罪班主任。学校领导在听闻这样的安全事故后，他们做的第一件事也是去找学生的班主任询问，如果这时班主任还不知道这件事情，就会变得很被动，最后即便学校同意赔偿，结果也不一定理想。所以最明智的办法是通过班主任去协调解决安全事故，才会得到最佳的处理结果。

不管是家长还是老师，谁都不希望孩子在学校出事故，与其亡羊补牢，不如预防在先。

在学校里，老师一定会对学生进行常规的安全教育；在家里，家长也要随时提醒孩子预防校园危险。你可以这样告诉孩子："上下楼梯不要拥挤，以免挤伤或发生踩踏事故；在楼道的转角处要转大弯，以免和同学发生碰撞；听到上课铃响，不要冲进教室；不要站在教室门边玩耍，以免被门夹到手指；不要和同学做危险游戏，自己受伤或对方受伤都会承受苦果；不要用桌椅板凳或利器伤害同学，这样后果会很严重……"

我曾在新闻里看到这样一个案例：两个小学五年级的男生在做作业的时候打闹，用钢笔互相攻击对方。玩耍中，男孩 A 失手将笔尖戳向了男孩 B 的眼睛，因为用力太猛，男孩 B 的眼球被戳爆，被送到医院时已无法医治，男孩B从此就瞎了一只眼睛。法院判定男孩A家庭要赔偿男孩B几十万的费用。男孩A的家庭本来就很贫穷，突然背负巨债后，男孩A也只得就此退学，外出打工挣钱来弥补自己的过失。而男孩B这么小就失去了一只眼睛，今后的生活也蒙上了一层阴影，两个家庭都陷入了无限的痛苦之中。

只要看到这样的事情，我都会第一时间讲给我的孩子和学生们听，他们在听故事的过程中，自然就会明白哪些事情可以做，哪些事情不能做。

有些家长担心自己的孩子被别的小孩欺负，往往会教孩子："别人打你你就要还击。"我们可以理解家长的心情，但是一定要提醒孩子："不能伤害对方身体重要的部位，例如五官、生殖部位等。"

如果你经常给孩子讲一些危险故事或者预防危险的方法，孩子或多或少都会记住，这样就避免了很多校园危险情况的发生，也省去家长和老师们很多的麻烦。

# 第5章

# 升学关键年：能为孩子做什么

## 家长发现老师犯了知识性的错误，该怎么办

昨天，我孩子拿回一张数学测验的试卷，上面有一道思考题，孩子用的方法完全正确，老师却给了他一个大叉，因为老师说必须按照老师讲的方法去做。我自己是一名中学数学教师，我认为孩子的方法不仅没错还更简单一些，老师这样判定完全是误导了孩子，束缚了孩子思维的发展。我对儿子说："你没有错，这道题不必改正了。"但儿子就是不听，还说："我不改老师会批评我的，你又不是我的老师。"儿子听老师的话固然没错，但也不能这样不分对错、盲目听从啊。于是，我准备打电话和老师讨论这道题，但是爱人强烈反对我的做法，她说："多一事不如少一事，你可别为了争对错得罪了老师，万一老师有什么想法，对孩子会不利的。"我只好放下了电话，但是我心里憋得慌。其实我倒不是非要和老师争对错，只是我也是个老师，知道老师"教书育人"的责任感，明明知道老师犯了知识性的错误也不说吗？

人无完人，谁都会犯错。何况是平凡的老师呢？

当老师的，没人敢说自己没犯过错吧！而一个真正的好老师会敢于面对自己的错误，并且勇于承认。所以，我觉得，作为家长和教师同行的你，给老师提出他的错误是完全可以的，不过，发现老师犯了错，需要选择适当的场合和恰当的方式给老师提出。这样，不但不会得罪老师，还会让老师感受到你的宽容与负责。

作为老师，如果是在课堂上，学生指出我的错误，我可以欣然接受。如果是家长私下指出我的错误，我也可以及时改正。但如果是在公众场合，在我毫无准备的情况下突然指出我知识上犯的错误，这确实令我困窘。

不过庆幸的是，我在这么多年的教师生涯中，遇到了许许多多的好家长。还记得有一次，我在批改一年级试卷时，有一道题是将打乱的词语组成通顺的句子。我至今还清楚地记得这道题是“公园里，美丽，花儿，的，多么，啊”，因为多数学生都会组成“公园里的花儿多么美丽啊！”所以，我先入为主，想到是一年级的试卷，头脑没经过思考，很快就批改完了。第二天，一位妈妈来到我办公室，拿着孩子的试卷问我：“饶老师，想和你讨论一下，孩子这样组合可以吗？我读起来没错，是不是非得组成一个句子才可以？”我接过试卷一看，原来她的孩子是这样组合的：“啊！公园里的花儿多么美丽！”这为什么不可以！完全可以啊！

我立即脸红了，赶紧拿出红笔给孩子修改过来，并诚恳地告诉家长："孩子是对的，这道题没要求只能组成一个句子，她这样组合说明她的思维和其他的孩子不一样，还应该提出表扬！是我改错了！"

还有一次放学的时候，家长陆续来接小朋友回家。有一位老人家盯着教室里的黑板看了很久。我起初也纳闷，不知道他在看什么。后来，这位老人家悄悄走到我身边，看着黑板低声对我说："老师，请教你一下，现在的语文基础教育里，是不是'近'和'进'通用啦？"

我一看，原来我在黑板上写了一句话："上课铃响了，大家连忙走近了教室。"我不小心把"进"字写成了"近"字。虽说是不小心，但在小学语文教育中，这可是严重的错误啊！我赶紧将黑板上的错别字改正，并且谢谢老人的提醒。老人对我笑笑，说："现在教材经常改来改去，我还以为是教材改了呢！"

我很感谢这些家长，是他们的诚意、宽容、理解树立了我在孩子们面前的光辉形象，但是有些老师却没有这么幸运。

我有个亲戚的女儿，经常在我面前说："我们老师最没水平，经常讲错，我一点都不喜欢她，我估计她念小学的时候考试也不及格呢！还好意思批评我们！"

后来我才发现，孩子之所以这样说，是因为她爸爸经常在

她面前说："你们老师讲错了，听爸爸的，你们老师算什么，一个小学老师有多少水平？我怎么说也是个博士生，你要相信爸爸！"

是的，小学老师很平凡。有些家长总认为自己文化水平高，在心底里瞧不起小学老师，一旦发现老师出现了知识性上的错误，更是担心把孩子教坏，赶紧在孩子面前说老师的不是，来抬高自己的形象。另一些家长觉得多一事不如少一事，何必指出老师的错误呢？这两种家长的行为都是不妥的，作为一个负责任的好家长，应当选择合适的时机善意指出老师的错误。

其实现在的孩子们越来越有自己的主见，有时在课堂上发现老师的错误会直截了当地指出来。反倒是家长会有各种各样的担心，怕伤害老师的尊严、破坏师生之间的关系等等，对孩子诸多提醒。难怪有些孩子会不满，为什么老师和家长可以不分时间、场合地批评我们，却要我们随时随地尊重老师和长辈？显然，在孩子的头脑中，平等意识不仅仅是能和师长互相指出错误，还包括一种平等的对待方式。

与其用空泛的大道理去教育孩子，还不如以身作则。当老师和家长都能用体谅、尊重的方式对待孩子的时候，孩子自然也会效仿。

比如，有位老师在课堂上从不批评孩子的错误，如果孩子错了，老师就会睁大眼睛，嘴巴呈O型暗示孩子"你错了！"

所以他的学生们在老师说错的时候，也会一起瞪大眼睛嘴巴呈O型地看着老师，老师很快就会明白自己错了。这种可爱的方式不但让师生相处和谐，也会让孩子从小懂得什么叫彼此尊重。

在小学生心目中，老师是绝对的偶像，老师的话是绝对的“圣旨”。如果你摧毁了他心中的偶像，他会感到万分失望，从而也跟着瞧不起这位老师，甚至厌恶他所教的学科。

因此，当家长发现老师犯了知识性的错误时，一定不要在孩子面前诋毁老师的形象，而应该像那些睿智的家长一样，选取恰当的时机，采用请教、征询、讨论等巧妙的方式给老师提出来，老师一定会愉快地接受并改正的，也可鼓励孩子用恰当的方式给老师指出错误，让孩子学会理解和尊重。

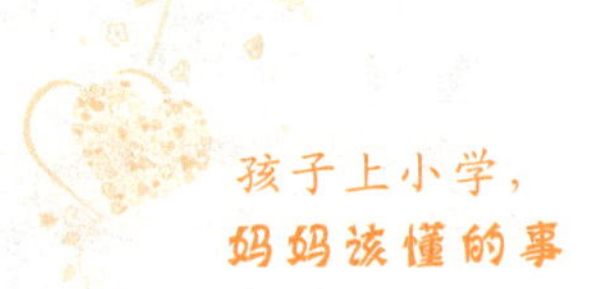


## 孩子很优秀，家长也别高枕无忧

我的女儿依依从小学一年级到六年级都是班里的班长，六年级时还是学校的大队委。这次毕业的时候评选市三好生，每个班只有一个名额，老师却选了另外一位女生，那位女生虽然也算优秀，但是论成绩和能力还是比我家依依稍逊一筹的。依依回家后情绪特别低落，我们做家长的也不知道怎么安慰她，更不便去质问老师为什么不选依依。因为这 6 年来，老师对依依还是特别重视的，为什么最关键的时候却……真不明白老师的意图。我的朋友说是因为我没去给老师送礼。我从没想过要靠送礼来让老师给孩子什么特殊待遇，再说老师从来没说过孩子有什么问题，每次开家长座谈会，依依也是被所有老师表扬的对象，我们感到很骄傲也很放心，真不知道这一次，老师是怎么想的。难道真是因为我们没有送礼吗？

当然不是。从你的叙述来看，你的女儿依依一直受到老师的重视。如果老师唯利是图，肯定不会连续 6 年选依依做班长，还推荐她当学校的大队委。这说明老师是很公正的。关于这件事情，我猜主要原因是作为家长的你们与老师的沟通不够，也许老师觉得这份荣誉对依依来说无关紧要，因为你们从未向老师表达过这方面的要求。

在办公室里，经常会听见一些老师的念叨："我们班某某同学很不错，我特别喜欢他，可每次都是他爷爷奶奶来接送，连他父母长什么样我都不知道。"

"某某孩子的家长从来不和老师交流，不知道有多忙。"

"通知某某的家长好多次了，让他到学校来，还是不见影儿，请也请不来！"

……

可见，老师们还是特别在意和家长之间的交流，因为在交流中，才能清楚双方对孩子的具体希望和要求，便于老师开展工作。你们很少到学校去和老师沟通，老师也许以为你们根本不在乎孩子的荣誉，所以就把这份荣誉给了更在乎的那个小孩。

小秦老师也遇到过类似的问题。有一次，学校评选"十佳少年"，每班推选一名候选人。小秦老师班上有两个孩子符合候选人的条件，可是名额只有一个。小秦老师左思右想拿不定主意，最后，有老师给她支招：谁的家长更在乎孩子的荣誉，你就选谁呗！小秦老师豁然开朗了，这两个孩子确实都很优秀，但是其中一个小孩的父母经常到学校询问孩子的状况，并

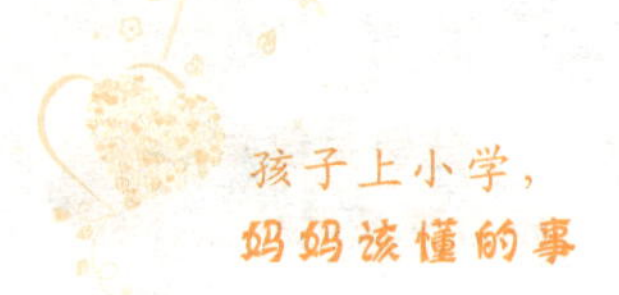



且主动告诉老师孩子在家中的表现，对孩子的期许很高。另一位孩子的家长很少和老师交流，似乎对孩子在学校的表现也漠不关心。所以，小秦老师终于知道该选谁了。

哪怕孩子再优秀，家长也不能高枕无忧，应该定期去学校找老师交换意见，让老师明白做家长的是在意孩子的。

有些事情，你不说，老师自然不会明白。经常去学校和老师交流，每次时间不必太长，哪怕只是一两句话，也会加深老师对你和孩子的印象，至少知道你对孩子是在意的，而不是漠不关心的。而且，老师越是重视你的孩子，你越要经常和老师交流，让老师知道你对他内心的感谢。这是起码的人情世故吧，就好比你的领导特别重视你，而你却总是冷眼相对，认为自己的一切都是应得的，那么结果可想而知。

此外，表现优秀的孩子往往都会有一种优越感，如果父母从不在孩子面前提到老师的好，孩子的潜意识里也会觉得自己的一切都是应得的，与老师无关。做家长的，一定要当着孩子的面感谢老师的付出，哪怕是一两句暖心的话语："老师，您辛苦了！""孩子特别喜欢您！""谢谢您这么重视我的孩子！""孩子最需要老师对她的赞扬和肯定！"……这些话都会让老师倍感尊重，认为自己的付出没有白费，同时，也教会孩子从小学会感恩。孩子毕业后，家长也可在教师节给孩子以前的老师发去祝福的短信，或者孩子升入高一级学校后，让孩子向以前的老师汇报喜讯，这些做法都会让孩子有一颗善良感恩的心。

虽然依依没有被评为“市三好”，但我的建议是你们还是应该主动去学校找到依依的老师，当然，绝不要提“市三好”的事情，而应该向老师坦言，这几年来你们很少主动和老师交流是你们的失误，并且真心地表达你们对老师的感谢，感谢她一直以来对依依的教育和重视。为什么要这样做呢？一是让老师觉得她的心血没有白费，心里特别舒服。二是老师会以自己的方式去安慰鼓励依依，毕竟在这种情况下，你们说千句话去抚慰依依受挫的心不如老师说一句话更有用。

# 小学问题百问千答

# 饶雪莉微访谈实录

提问 1：很想了解孩子在学校里的真实表现，但是和老师不熟，老师也简单带过，感觉很敷衍，该如何是好？

回答：首先，孩子在家要对他多多观察，看孩子有没有异常行为，如果有异常行为，及时和老师联系，让老师多加留意，只有达到这样的共识以后，老师才愿意把孩子在学校真实的情况告诉家长，否则老师遇到不太熟悉的家长，有可能有戒备的心理。负责的老师会很愿意和家长交流，如果家长不同意老师的教学方法，可以一起沟通找到解决方法。要直接和老师说，你不是那种不分青红皂白护着孩子的家长，让老师放下戒心，才会和你毫无顾忌地沟通孩子的问题。老师不可能对每一个孩子每一段时间都关注得那么紧，所以聪明的家长可以每周定一个时间，给老师打一个电话和老师沟通，或者半个月、一个月和老师沟通一下，老师就会注意孩子的行为，及时告诉家长，这样的做法比较好。

提问 2：饶老师您好，前几天跟一位家长聊到一件事，她家的小孩一直崇尚素质教育，鼓励孩子表达自己的想法，可是上了小学之后，却屡屡受挫，问题必须只有一个答案，而且有的问题的答案孩子很不能认同。这种情况该如何跟小孩沟通？如何解决这样的问题？

回答：家长应充分肯定地告诉孩子："你有自己的想法是很好的，但并不是所有人都能认同你的想法，老师有时为了提高课堂效率，可能会否定你的想法，但这并不是说老师不喜欢你。你可以在下课后再和老师进行交流。"同时，家长应主动找到孩子的老师，告诉老师自己的教育理念，让老师能够理解，并和家长达成共识，尽量尊重孩子的个性发展。

提问 3：我目前按照饶老师的方法，放手让儿子自己安排学习和玩的时间，上学期是半放手，现在是二年级下学期了，我已经完全放手。儿子经常在学校就写完了家庭作业，回到家就会很自觉给自己安排看课外书，吃过晚饭下楼进行体育锻炼或者玩。晚上回家睡觉前看会儿课外书听会儿故事。我的疑问是：儿子在家几乎不会看课本了，早上起来也看的是课外书，看起来儿子也很开心，从最近的学习来看效果也非常好，请问饶老师：我要不要继续坚持放手？还是需要让孩子看看课本？请问孩子这样安排自己的时间是否合理？还有孩子看一套书会反复看很多遍也舍不得放下，这样好不好？谢谢！

回答：既然孩子的学习效率非常好，你还有什么可担心的呢？继续你的坚持吧！孩子只要学懂了课本上的知识，回家不看课本是可以的。一套书反复看很多遍这是很多孩子都喜欢的，因为孩子喜欢相同内容的反复刺激，这会让他们体会到快乐。正如有些孩子喜欢重复地看同一部动画片一样，没有所谓好不好，这就是孩子在现在年龄段的一个正常表现而已，尊重即可。

提问4：饶老师，您好！有的老师在教学方法方式上，和家长有不同的见解，家长想提意见，但是害怕会影响到老师对孩子的态度。还有的老师身兼其他的职位，会比较忙，不能及时批改孩子的作业，导致孩子的成绩有所下降。家长想和老师提意见，但是怕老师接受不了，影响对孩子的态度，请问这该如何是好？

回答：其实这个问题很多家长都会遇到，每个老师的教学方法都有所不同，作为家长，如果发现老师的有些地方不如你所愿时，首先应该找到老师的问题所在，不要一味地听其他人说老师的教学方法不好之类，应该去观察一下，看老师到底是哪方面出了问题，是因为他的教学功底吗？是因为他的教学能力还是业务素质？然后针对老师的问题，家长可以送老师一些有关教育的书籍或者教学碟片，也可以和老师聊天，谈谈在当下媒体上看到的一些关于教育方面的事情，阐述一下自己的观点。家长当面和老师沟通的过程中，没有必要立刻就说老师的教学方法不好，更不要当着老师的面赞扬其他的老师，会让老师心里不舒服，造成沟通困难，而应该肯定老师的辛苦和付出，表达对老师的感谢，然后在友好轻松的谈话氛围里，再提出合理的建议，老师会比较欣然的接受。还有就是，可以和其他家长一起找到学校的领导，提出建议，让领导重视家长的意见，这样也很好。

提问 5：老师经常调课、补课，有时一个上午全部上一门课，这会让孩子感觉很疲惫，这种情况可不可以提出来？如果提，该如何提？

回答：如果老师是偶然进行调课，还是很正常的，因为学校有自己的工作安排，老师身兼数职，有时会遇到一些活动，需要进行必要的调课，但如果是经常调课的话，还是有问题的。家长可以和其他的家长交流，然后共同和老师谈谈，咨询老师为什么会经常调课，是学校的原因还是老师个人的原因？偶尔的调课，负责任的老师会提前告诉同学做准备，如果是临时性的调课，学生没有带书，没有做好准备，老师也是可以理解的。但如果是经常调课，肯定是不正常的，家长可以提出来和老师沟通解决。

提问6：孩子的作业能否布置得少一点？孩子低年级，功课不紧，有很多的兴趣爱好想要在空闲时间完成，那么学校的作业能否在学校里就完成？

回答：多数学校对老师布置作业的量有大致规定，但很多老师还是根据自己班里孩子的情况来布置作业，当家长发现孩子的作业量变多，首先要确定一点，不能当着孩子的面责怪老师。例如看到孩子做作业到很晚了，有的家长会当孩子面责怪老师，更有家长为应付老师，会帮孩子写作业，这样会加重老师对家长的反感。其实有几个方法家长可以用一下，首先，家长可以在孩子作业本上写下孩子每天做作业的起始时间，例如：孩子今天做作业从7点到9点，孩子中途没有休息。这样的批注给了老师一个暗示，老师就会注意到布置的作业的确多了，负责的老师会意识到自己的问题，就会调整作业量。

又或者可以让孩子选个合适的时机，和老师直接交流，说作业好多，昨晚都没有睡足觉，老师看到孩子天真无辜的样子，也不会生气。其实老师都是很爱孩子，希望孩子真心好的，只要用巧妙的方法，让老师意识到自己的问题，得到解决问题的办法就好。

## 提问7：孩子班里的班长太凶，他感觉很害怕，希望老师可以提醒班长注意态度，这样的问题该如何提？

回答：当孩子回家反映班长很凶的时候，家长首先要耐心询问，到底班长凶在哪里？凶的程度？因为班长作为同龄人，如果太温柔，是管不住那么多的小朋友的，必须还是得有威严性。如果班长有打骂孩子、说很难听的话、伤害孩子自尊心，家长要多问其他家长，看看大家是不是都有这样的情况，如果大家都有这样的感觉，班长管理方法的确有问题，家长可以联合起来向老师反映，让老师帮助班长改善方法，毕竟他也是个小孩子。但是，如果只有自己孩子有这样的感觉，其他孩子都没有这样的感觉，那就要看看是不是自己的孩子有点胆小，如果是这样，那就要调整自己的孩子的想法，让他换位思考，只要班长没有动用武力，没有讲难听的话来伤害孩子，那么还是在班长合理管理的范围内。孩子需要和不同性格的同学相处，这也是培养他人际交往能力的好方法。

提问8：孩子在学校里，遇到很严厉的老师就像老鼠见了猫，家长该如何和老师提?

回答：如果孩子在学校很怕老师，大多是因为家长给孩子灌输的思想不正确，经常拿老师当挡箭牌，恐吓孩子，所以孩子才会对老师产生惧怕。其实老师还是很爱孩子的。或许，也有老师真的不苟言笑，很严肃，解决办法是：经常在孩子面前说老师很喜欢他，经常在老师面前说孩子喜欢他，这样让双方都对彼此产生好感，老师也会对孩子更多地关注，而孩子也不会太害怕老师。因为每个人都需要赞美，家长需要多多调和。

提问9：孩子因为说话受罚，又害怕管理生所以不敢去厕所而尿裤子，感觉管理生在管理学生上欠缺“度数”，这该如何和老师说？

回答：因为管理生也是年级稍大的学生，管理经验也不足，学校应该先培训管理生，不能让他们没有经验就上岗。而且孩子也不要过于胆小害怕，该要求做的事情还是要求做，要培养孩子的应变能力，家长可以和学校的领导交流，让建议得到领导的采纳，改善管理生这方面的不足。

提问10：我的孩子最近学习有进步了，不过时常看见他不太开心的样子，后来询问才知道压力来自排名，我们一方面很高兴孩子有了进取心但是也怕他不快乐，雪莉老师这该怎么办啊？

回答：告诉孩子："爸爸妈妈根本不在意你的名次，只要你的学习态度是认真的，你取得什么样的名次我们都为你感到高兴！"家长帮孩子卸下心理包袱很重要。

提问11：孩子快9岁了，还没有什么特别的兴趣爱好怎么办？幼儿园开始也陆续学过英语、画画，舞蹈、围棋、象棋也有接触，也都是孩子自己要求去学的，可每次一期两期下来就都没什么兴趣了。看到别的孩子都有自己的特长，作为家长也想自己的孩子能多学点才艺，可看孩子好像对什么都没多大兴趣。请教饶老师，现在家长能做点什么呢?

回答：兴趣不是与生俱来的，都是孩子在成长的过程中慢慢形成的。孩子也需要不断地尝试和摸索才能找到自己真正的兴趣，尊重孩子“喜新厌旧”不能持之以恒的心理，不要将家长自身的焦虑转嫁给孩子，不对孩子寄予过高的期望，哪怕孩子半途而废，也不要责骂打击孩子，让孩子大胆地接受不同兴趣的刺激，他才能在众多兴趣中找到自己真正喜欢的是什么。如果一个孩子在学了很多兴趣班以后都不感兴趣，就不必再勉强，世上的兴趣千千万万：天文地理、琴棋书画、花鸟虫鱼、衣食住行、吃喝玩乐……不是小小的兴趣班能包含的。而且，兴趣是贯穿一生的，不在年龄的大小，只要孩子有一双发现的眼睛，有对生活无尽的热情，随时随地都能发现自己的兴趣。

提问12：我女儿上二年级，是个活泼好动的孩子，老师总反映她上课习惯不好，总是手里有小动作，比如画画折纸等，弄得地面也不干净。但是她学习成绩不错，做作业也很快，上课内容都能吸收，回答问题很积极，只是老师总说以后会影响她学习，说得她都不太喜欢上学了，我该如何和老师沟通，如何引导孩子？

回答：告诉老师："我们会帮助孩子改正坏习惯，但希望老师能多给孩子一些时间，多给孩子一些鼓励。"告诉孩子："老师指出你的坏习惯是因为老师特别喜欢你，老师经常和我们说你的优点，你聪明好学，成绩好，老师希望你能更加全面地发展，爸爸妈妈相信你一定可以做到的！"

提问13：请问饶老师：因为这学期儿子刚换了新班主任，我对老师不够了解，也不好主动打扰老师，因此我会每天在儿子的作业本上签上儿子每天作业完成的情况，并且会感谢老师的辛苦！这样做可以起到和老师沟通的作用吗？谢谢！

回答：可以，至少能让老师感受到你是一位认真负责的家长。但你不只要感谢老师的辛苦，也可以在作业本上和老师交流一下孩子出现的问题，家校配合，更好地教育孩子。

提问14：我的孩子上小学二年级了，每回考试、作业老师都要求签字。我应该写些什么呢？

回答：考试签字，可以分析一下孩子试卷上的问题或写上鼓励的话。平时作业，可以写上孩子完成作业的时间效率等，也可利用孩子的作业和老师进行互动交流，不必太复杂，一两句话简明扼要就行。老师能从中感觉到你的负责与真诚。

提问15：孩子小学一年级，学习成绩不成问题，在班里也算是一个代理班长，可是我问他喜欢哪门课时，他说没有一个喜欢的。问他喜欢哪个老师，他也说，哪个老师都不喜欢。我比较担心他这样的状态。怎么才能让孩子喜欢学校呢？

回答：家长，你好！孩子的这种回答方式不代表他都不喜欢，有的孩子这样回答家长只是为了应付家长的提问，你不必担心。我建议你平时多和孩子做亲子游戏，让孩子充分信任你、喜欢你，这样他才会把自己内心真实的想法告诉你。同时，你也可以在家多说一说学校、老师的优点，让孩子感同身受。

提问16：饶老师您好！我是小学五年级学生的家长，请问：孩子能认真完成作业，各方面表现也还不错，就是学习成绩不理想，如何帮助她提高呢？如何和老师沟通？谢谢！

回答：请首先找到孩子成绩不理想的原因，是学习方法不对？还是考试紧张？或者是有不懂的问题没有及时提出来？找到原因后再“对症下药”。可直接询问老师，请求老师帮忙一起找找原因。

提问17：孩子主动要求补课，他的数学比较薄弱，我们想孩子学习优异，但又怕他太辛苦，虽然现在很多孩子都在报各种学习兴趣班。

回答：如果是孩子主动要求补课，你可以这样告诉孩子：“补课会很辛苦，如果你想成绩优异，有很多方法，不一定非要采取补课的形式。比如你可以改进你的学习方法，爸爸妈妈也愿意帮助你提高成绩。”若孩子还是执意要补课，那就接受他的要求，但要给他卸下包袱，告诉他："补课后即使你的成绩没有提高，我们也不会责怪你。"让孩子轻装前进吧！

提问18：老师您好。我姑娘今年9月份就6周岁了。我打算让她上一年级。请问老师：我姑娘胆子有些小，性格有点懦弱，这在今后的学习和生活中家长该如何引导？第二个问题是找一个严厉的老师还是和蔼的老师有助于孩子性格的形成及学习兴趣的浓厚？

回答：家长你好！胆小、性格懦弱的孩子多多少少与家庭教育有关，例如家长对孩子要求过于严格或者说家庭氛围过于严肃，家庭成员教育观念不一致等。建议在孩子进入小学以后，家长首先要给孩子建立一个轻松幽默的家庭氛围，让孩子放松，卸下包袱，增强自信。同时提前告诉班主任老师孩子的性格，请求老师多一些关注和鼓励。建议找一个活泼的老师更有助于孩子的成长。

提问19：请问饶老师：如果孩子在学习上感觉还不错，自己也很开心，在家长不太了解老师的情况下，是否有必要和老师联系？如果联系要怎么说呢？谢谢！

回答：家长你好，孩子学习好，自己也开心，很多家长就觉得没必要再和老师联系了。但孩子再优秀，也离不开老师的引导和培养，家长也应该定时和老师联系，联系时，主要表达对老师的感谢即可，如："感谢老师对孩子的培养，孩子很喜欢您，我们做家长的也为孩子能遇到您这样的好老师感到幸运！""谢谢您这么重视我的孩子！""孩子最需要老师对他的赞扬和肯定！"……这些话都会让老师倍感尊重，认为自己的付出没有白费。同时，也教会孩子，从小学会感恩。

提问20：在当前教育资源稀缺的前提下，"应试教育"不可避免，而这种教育本身就是需要艰苦的学习和付出来成就的，如何还能快乐呢？看似一个"鱼与熊掌不可兼得"的命题呀。坐等饶老师的解答。

回答：家长，你好！正如你所说，"在当前教育资源稀缺的前提下，'应试教育'不可避免，而这种教育本身就是需要艰苦的学习和付出来成就的……"我们所说的帮助孩子找到"快乐成长"和"应试教育"的最佳平衡点，并不是说孩子就不付出努力了，而是家校配合，老师和家长能想出许多智慧的高招，引导孩子把枯燥的学习变成有趣的事情，尽量让孩子能找到适合自己的学习方法，完成学业目标。

提问21：最近孩子两回测验都没考好，对学习都不自信了，有什么方法帮助他呢？

回答：孩子测验没有考好，他自己的内心已经很难受了。家长要做的首先就是不要在孩子面前表现出对他成绩不满意的态度，然后告诉孩子：分数不能代表一切，偶尔的失误是很正常的，只要好好努力，下次就会更好。必要时，也可请求孩子老师的帮助，家校配合，重新树立孩子的自信心。

提问22：饶老师好，我们还没上小学，幼儿园孩子在一块玩的时候总有些孩子喜欢打人，我家小孩儿总免不了受苦，要怎么跟老师沟通呢？

回答：引导孩子学会和不同的小朋友相处，这也是培养孩子的交际能力。孩子在上学过程中总会遇到形形色色的同学，家长无法帮他过滤，更无法每次都帮他解决问题。

除非孩子受到了过度的伤害（身体或心灵上），否则，家长不必麻烦老师。这个“度”家长应该可以把握。

提问23：饶老师，读了您的《别让孩子伤在小学》深受启发。不过孩子总是不爱做作业，现在长大了还老爱跟我顶嘴，没做作业还挺有理由的，这种情况怎么解决呢？

回答：我们首先要明白，孩子做作业的目的是什么？是让孩子巩固知识，培养孩子良好的学习习惯。如果孩子每次做作业都要家长的再三督促甚至从始到终的陪伴，那还能有效地达到孩子做作业的目的吗？所以，当家长发现孩子不爱做作业时，或是没有家长盯就不能完成时，家长干脆就彻彻底底地放手一次，从孩子回家开始，就绝口不提让孩子做作业的事情，随便孩子如何，家长都看之忍之。如果孩子自己做作业了，不管他做到几点，让他自己完成；如果他不做作业，你也不要干涉，剩下的事情交给老师。第二天家长应提前告诉老师：“孩子昨晚没有完成作业，任由老师处罚。”让孩子为自己的错误付出代价，他才能认识到自己的错误。

提问24：饶老师好，我家宝宝比照同龄孩子显小，准备今年上一年级，可是又怕她自己无法照顾自己，这方面要怎么跟老师沟通呢?

回答：孩子还没有上一年级，你怎么就怕她无法照顾自己呢？不必在事情发生之前妄下判断，自我焦虑。也许孩子比同龄人能更快适应小学生活，表现得更棒呢！要知道，孩子在学校的力量是比在家里强得多的！所以，你现在要做的就是鼓励孩子积极面对小学生活，并相信她一定可以做到！加油！

提问25：饶老师，您好！我家女儿现在是小学四年级，她对学习一点都不主动，作业不认真做，上课也不专心听，做事还很拖拉。女儿在每学期开学的前两个月学习状态还是不错的，学习热情也是很高的，但后来就不行了，就像一个泄了气的气球一样完全瘪了，我现在对她真是失去耐心了，真的不知如何管教她了！

回答：如果你都对孩子失去耐心了，孩子的状态只会更加下滑。家长对孩子的期望会间接地在孩子身上产生很大作用。有实验证明，如果家长总是以积极的态度期望孩子，孩子可能就会朝着积极的方向去改进；相反，如果家长的态度消极悲观，那么孩子也会朝消极的方向发展。所以，你现在要做的是，给孩子足够的鼓励和信心，让她感受到你的正能量，从而积极进步！

提问26：饶老师，您好！我家孩子今年刚上小学，每次跟老师沟通，经常会找不到话题，翻来覆去就是孩子的表现，感觉说来说去都是那几句话，不知道跟老师沟通的过程中应该要注意哪些问题呢？

回答：在老师面前不必紧张，把老师当成一个普通朋友，不必每次都谈孩子的表现，可以谈谈双方感兴趣的事情，或者赞美一下老师的着装、性格等。也可以聊聊自己家里的趣事，增进和老师之间的了解，下次再谈孩子的问题时双方也会轻松很多。

提问27：饶老师您好，我家女儿9岁，上二年级了。她大大咧咧的，做事很粗心，做作业也非常粗心，经常看错字，口算不光速度慢还常常做错题；做语文作业时经常会漏字，拼音也常写错，学习的主动性很差，班主任老师说她学习态度不好。请问像我家孩子的情况该如何提高她的学习主动性、纠正她的学习态度？

回答：首先，父母不能总在孩子面前说：“你非常粗心，你不能粗心！”类似的话，这样会给孩子一种“负强化”。孩子会认为粗心本来就是我的毛病，更加理所当然地粗心。家长应告诉孩子：“其实你很仔细，妈妈相信你一定可以做好的。”同时，家长可以借助老师的力量，让老师在班里当众表扬孩子认真仔细的那一次，这样，孩子学习的主动性一定会有所提高，学习态度也会慢慢转变的。

提问28：饶老师您好，孩子上课的时候小动作特别多，老师找过我两次了，总让老师打电话也不好，想主动找老师一起治治孩子，怎么跟老师沟通？

回答：你的孩子上课爱搞小动作，他一定是聪明活泼的。你大可不必过于焦虑。接下来你要了解的是，孩子上课为什么要搞小动作：是老师的课堂不精彩吗？是孩子自己无法控制自己吗？孩子搞小动作时听课了吗？搞的什么小动作？等等。父母应引导孩子和老师“换位思考”，懂得尊重老师。家长和老师沟通时，可以请求老师和孩子约定，上课时眼睛尽量看老师，并跟随老师移动。老师多抽孩子回答问题，适时给孩子特别的眼神作鼓励，并保证：这可是我们两人才有的秘密噢。

提问29：饶老师，您好，我家小孩今年9月是5岁零10个月，9月读小学合适吗？小孩性格有点内向，现在是大班小朋友，没有读学前班，没有学过拼音，担心升小学后跟不上，影响自信心。谢谢饶老师。

回答：既然你都有如此担心，建议让孩子明年再念小学。孩子就像小苗苗，有他自然成长的规律。做家长的，何必硬要去打破这种规律，缩短孩子的童年生活呢？孩子6岁后上小学，身体素质、智力水平、行动速度等才能达到一定的标准。没有必要为了那一年的时间去下赌注，万一孩子不适应，家长会自责的。

提问30：饶老师，您好！我家孩子今年9岁了，是个上三年级的男生，可是他现在有一个极大的缺点，就是做作业拖拉，做着做着就想别的事情就去做小动作去了，导致

10分钟（好好做的情况下）能做完的作业，到他那就要半小时或是1小时以上，对此我真不知如何是好？（我没有要给他加码，并且也说了你做完了就可以去玩或是做你自己想做的事如看课外书、看会电视等）他要是高兴时，做事情能做得很好，就是这种几率只有1%左右，导致在学校老是挨批，考试分数上90分的情况极少，另外他有一个优点是喜欢看课外书，可是他把看课外书作为挡箭牌了，请老师给我指点指点。谢谢！

回答：关于孩子做作业拖拉，有些小方法可以推荐给家长。可将孩子做作业的时间划分为几个小段，如半小时分为3个10分钟，让孩子在10分钟之类完成规定的作业，做完后休息两分钟再继续完成。别看只休息两分钟，但小孩子对时间往往没有多大的概念，他们会觉得只做了一小会儿作业就可以休息，真是太棒了，再开始做作业也会精神百倍，慢慢的，家长再把时间段加长。在孩子做作业之前，家长可以和孩子约定比赛，在规定时间之内，家长必须完成某件事情，孩子也必须做完作业，看谁完成得又快又好。一般来说，孩子对于游戏和比赛的方式都会比较感兴趣。看课外书是个很大的优点，家长要给予鼓励。阅读启迪智慧，阅读让人变得优雅、有

内涵，阅读，甚至可以改变人生。阅读绝对不会影响孩子的学习，只要帮助孩子调整好阅读和学习的时间。最好让孩子自己分配阅读与学习的时间。

提问31：请问和班主任老师保持怎样一个沟通频率会合适些？我们现在只有在家长会上和老师有个沟通，感觉少了些。

回答：确实少了些。如果家长平时工作不忙，建议每个星期和班主任老师沟通一次，可以电话交流，简明扼要地了解一下孩子的情况。若家长工作忙，至少也要一个月和老师交流一次，可电话可面谈，沟通一下孩子的问题。

提问32：《别让孩子伤在小学2》我已经读过了，很受益。但是我家还有个情况，在书里也没找到答案，就是我家孩子老问我要零花钱给他同桌买东西——一个漂亮的女生，那个女生指使他做什么他就做什么。饶老师，我该怎么办呢？

回答：哈哈，无需过于担心，很多小男生在小学阶段都会有这样的情况，听命于同桌小女生。其实这并不代表什么，多数情况下，只是小男生觉得好玩而已。但是，用零花钱给同桌买东西这是不必的，你可以告诉孩子："爸爸妈妈也很喜欢你的小同桌，你可以邀请她到家里来做客，可以从家里带上你喜欢的东西和同桌分享，等你长大了，自己挣钱了，再给你喜欢的人买东西吧！"

提问33：饶老师，我想问的问题是，我家闺女三年级了，以前每次做完作业都是我给检查一下，看看有问题的给她说说，她改了，第二天老师看到的全是对的。可是我发现孩子有依赖心理了，自己不会主动检查，即使我让孩子查，她也是大概看看，好像就是查不出错来。我想问一下，像这样的情况，我怎么帮助孩子，或者怎么和老师沟通一下，让孩子尽快学会自己检查作业呢？

回答：建议你培养孩子自己检查作业的习惯，若起初孩子检查不出问题，家长不必责怪也不要立即帮忙。即便孩子交上去的作业有错，家长也不要插手。然后家长要事先和老师说明情况，拜托老师在学校用老师的方式和孩子谈心，告诉她作业中出现的错误，让孩子以后在检查作业时多留心。孩子出现这种问题，老师的话往往比家长的话更有说服力，她下次一定会更仔细的！

提问34：老师您好，孩子总被同桌欺负，这件事要不要跟老师说呢？孩子说同学最讨厌告状精，就每天哭哭啼啼地忍着回家。如果有必要跟老师说，要从何说起才能和平解决？

回答：孩子被同桌欺负，回家告诉家长后，家长最好不要马上去学校，即使是你家孩子受到了委屈。如果家长亲自去学校帮孩子“解决”问题，这种做法会令孩子变得对家长有依赖感。孩子可能会相信只有依靠别人，甚至是“权威”才能解决问题。家长应耐心地聆听孩子的感受及想法，并引导他该如何与同桌相处，鼓励他从不同角度思考问题，要让孩子实践他们认为最好的方案。当然，如果你的孩子和同桌总是闹矛盾，甚至影响到了孩子的学习或心理，你的孩子又特别胆小内向，什么都不敢说，总是忍气吞声，那么你可以代孩子向老师如实反映情况，在反映情况的时候，只需强调孩子的问题和父母的担心，无需责怪孩子的同桌。有经验的老师一定会知道怎么做的。

提问35：饶老师好，我家姑娘特别爱美，那么冷的大冬天，吵着不穿羽绒衣，穿公主呢子外衣，后来依了她，果然她就感冒了……怎么样能让孩子不再臭美呢?

回答：爱美之心人皆有之，只是每个人的强弱程度不同而已。孩子开始爱美了，说明她的独立意识萌发了，她是一个有主见的人了，你应该感到高兴才是。孩子对衣服的颜色、式样有自己的喜好，而有时，大人往往以自己的观点左右孩子，孩子又不愿服从，这就造成了双方的矛盾。孩子爱美没有错，关键是如何引导孩子正确看待美。鼓励孩子爱美的同时，让孩子认识到健康是美、善良是美、乐观是美，不把奢侈当作美，不把炫耀当作美，不把攀比当作美，不把怪异当作美。真正的美必须符合自己的年龄和身份。适当的爱美有助于培养孩子的自信与气质，有助于孩子与小朋友的交往。只要这个度把握好，让孩子从小美美的，有什么不好呢?

提问36：您好，老师。我儿子上二年级了，上学的时候总是被留校，因为课堂作业没有及时完成。其实作业不多，他就是不会想着马上去做掉，就知道先玩，导致最后老师让他留校完成。软的硬的我都实施了，可是不见效果啊。怎么办呢?

回答：做作业是孩子自己的事情，家长应该像在放风筝，心中握着一根线，先让孩子远远地飞出去，让他自己翱翔，即便他在空中遇到一些颠簸，也不要着急收线。不管他做到几点，让他自己完成。如果他不做作业，你也不要干涉，剩下的事情交给老师，任由老师处罚。如果不让孩子为自己的错误付出代价，他又怎么能认识到自己的错误？当然，有些家长会有这样的担心："孩子不做完作业，老师要批评孩子，还要批评家长不负责任啊！"确实会有这样的情况。这就又在于老师和家长的配合问题了。建议你和孩子的老师长谈一次，商议出一个好办法来帮助孩子。《别让孩子伤在小学2》里有一章节专门提到这一个问题，有具体的解决办法，你可以参考一下。

提问37：请问饶老师，又到了放假期间，孩子不愿意做作业，怎么办呢？

回答：和孩子定好假期计划，安排好做作业和玩耍的时间。我的女儿前两天也是不做作业就盯着电视看。后来我和她定了丰富的假期计划，当然计划中有我陪她游戏的时间，我说你若不遵守妈妈也不会遵守哦！她很爽快地答应了。现在我在访谈中，她正在一旁乖乖地做作业呢！

提问38：寒假开始了，孩子们的寒假作业却各不相同，现在大多数老师都采用“看分留作业”，不知道饶老师对这个问题怎么看？

回答：我不赞成“看分留作业”，因为小学生的期末考试不像中考，更不像高考，它只是一学期结束时必须画上的一个句号而已，并没有什么实际的意义。而且，小学期末考试有很多客观的因素决定孩子的成绩：试题的难易程度，监考老师的严格与否，评卷老师的评判尺度等等，都没有严谨的把关。如果老师和家长只以期末考试的成绩去表扬或者批评孩子，这对孩子来说，是非常不公平的。再说，美好的假期，可以丰富孩子们的阅历、充实孩子们的心灵、锻炼孩子们的能力，让他们快乐成长。真正有智慧的老师会布置新颖的假期作业，让孩子们过一个愉快而轻松的假期！

提问39：饶老师好，孩子回家后，我们问他学校的事情时他特别不爱和我们聊，不管是学习还是和同学之间等等。我该怎么做？

回答：小心，你和孩子之间已经有了距离，如果不缩短这种距离，孩子会离你越来越远。想真正做孩子最信任的朋友，应从心底放下家长的架子，把自己当做孩子，和孩子一起长大。因为只有你们始终在同一个高度才有可能做朋友。家长要充分了解孩子的兴趣爱好，多和孩子互动玩耍，遇到问题一起商量解决，不要总是以过来人的身份讲道理。想走进孩子的心，先找到那把打开孩子心灵的钥匙，看孩子喜欢的书，玩孩子喜欢的游戏，看孩子喜欢的动画片，听孩子喜欢的歌……孩子一定会把你当做他最信任的人，向你敞开心扉，无所不谈！

提问40：饶老师，您好！很喜欢您写的书。希望您多出几本有关孩子教育方面的书哦！我的孩子很喜欢吃垃圾食品，说了不听。我该怎么办呢？

回答：谢谢你的喜欢，我一定会加油的！不爱吃零食的孩子几乎没有，零食和玩具一样，对孩子都有极强的诱惑力。我们不能完全反对孩子吃零食，但可以巧妙地控制孩子对零食的摄入量。家长和老师要采用多种途径告诉孩子：如何挑选零食，哪些是“三无”垃圾食品，对身体有什么样的危害等。越早给孩子灌输这样的知识，才能让孩子用心记住。带孩子去大超市买正规食品时，要教孩子学会看生产厂家、生产日期、保质日期、配料成分等，让孩子形成自我保护的意识。总之，对于美味的零食，孩子多吃无益，少吃也无害。家长要放松心态，理智对待。

提问41：老师好，您觉得可以在孩子刚入学的时候，就给孩子选定艺术生这一发展方向吗？孩子有绘画天赋，对文化课学习不太感冒。

回答：给孩子选定艺术这一发展方向不是由你决定，是由孩子决定。只要孩子对绘画有兴趣，无论什么时候开始学习，他都能找到属于自己的精彩。另外，孩子才刚入学，你就已经判断出他对文化课不太感冒，是不是太早啦？别把自己的主观意识放在孩子身上，还是建议你多观察多了解自己的孩子吧！

提问42：您好，饶老师，我家孩子平常成绩不错，老师提问都可以回答出来，给老师的感觉是她都会，可是她一考试就粗心，会的题目也会因为这样那样的原因错好多，平时做作业也是如此。请问一下老师，我该如何帮助孩子改掉粗心大意的坏习惯？

回答：粗心是多数小学生惯有的，有的是因为性格使然，有些是因为考前紧张，家长和老师可以引导孩子在考前进行一些自我调节，如心理暗示——告诉自己（或大声说出）“我一定能考好”，“我复习得很充分”，“考试对我来说就像玩游戏一样轻松！”家长千万别总是在孩子面前强调：“你很粗心！”“你不要粗心！”这样，反而会给孩子负强化，让孩子更加粗心或认为自己粗心是正常的。家长应在孩子未出错的时候表扬孩子认真仔细，并表示相信他下一次一定可以做得更好！

提问43：请问饶老师，孩子上课不爱举手回答问题，老师说她是知道答案的，但就是不会主动举手，就算被老师叫到，也是脸刷的就红了，然后才慢慢地站起来。请问小孩这是什么心理？有什么办法解决吗？

回答：不必刻意去解决，孩子就是比较胆小而已，这并不代表她长大了也会是这个样子。如果家长过于去强调，反而让孩子更加胆小。我的学生成年后来看我，我会经常发现其中有些孩子的性格和年少时反差极大，那个曾经不言不语、一说话就脸红的小男生怎么突然变得能言善辩？那个当年演讲台上挥洒自如的孩子怎么会变得沉默寡言？这是因为孩子在成长过程中，会受到环境、家庭、朋友、社会等各方面的影响，有些孩子的性格也会随之变化。如何让内向、胆小、不爱发言的孩子在童年时期健康快乐地成长，才是家长最应该关心的事。

提问44：宝贝是个情绪化的孩子，比较急躁，因为考试太粗心被老师在同学面前说了两句，回家就直掉眼泪，看得我也不能再批评什么。个人也感觉老师应该单独找孩子聊会比较合适，在同学面前会伤孩子自尊。我该如何和老师沟通这件事呢？

回答：你不必烦恼，可直接告诉老师，孩子回家为什么事情掉眼泪了，孩子最喜欢老师的表扬，希望老师能帮忙疏导孩子。有经验的老师一定会知道怎么做的。

提问45：请问饶老师，现在学校都有所谓的“快慢”班，也就是快班的老师配备比较好，但是都需要走关系，作为家长有必要把孩子送进快班吗？

回答：如果你的孩子属于性格开朗大方型，智力和能力都强于同龄人或和同龄人相仿，那么把孩子送进快班未尝不可。反之，如果你的孩子属于性格内向胆小型，智力和能力都稍逊于同龄人，就没有必要把孩子送进快班承受压力。其实就小学生来说，可塑能力都很强，完全没必要分快慢班，这无非是很多学校招揽生源的一种方式罢了。家长不用过于介意，没有关系，就让孩子自然分班，只要家长和老师好好沟通好好配合，孩子都能快乐成长。

提问46：有个问题想问饶老师，五六年级的孩子喜欢回到家就把自己的房门关紧，写日记也总是偷偷摸摸的。作为家长，是应该装作看不见，还是禁止他们这么做？

回答：孩子虽小，也有自己的隐私。家长应尊重孩子的隐私，并且告诉孩子：“每个人都有自己的秘密，大人也有。所以请放心，父母不会打探你的秘密。”孩子会为有这样的父母感到开心和放松。

提问47：请问老师，如何在课外培训班选择好老师呢？

回答：给孩子选课外培训班时家长一定不要草率，在孩子报名之前，家长应考虑到：培训班学生的普遍年龄是否和孩子相仿？培训班的办学资质是否如你所愿？当然，最重要的是，培训班的老师是不是真的像宣传的那么好？好的老师是孩子的引路人，能将孩子引入兴趣之门。但是现在培训班的师资队伍中也隐藏着一些为了混口饭吃并不具备相关能力的人，所以家长不要怕麻烦，应该多试听，多考察，多辨别。一般来说，正规的培训学校都欢迎家长随时试听，有能力的好老师随时经得住考验，不会把家长拒之门外。

提问48：饶老师，您好！关于中学生的，盼您给个建议。如何给初三的孩子选择一对一教师。曾经上过各种大班，前两天又从一家一对一机构退了。工薪家庭，为孩子进行了大量投入，他的成绩至今始终无法提高，眼看中考临近，困惑中！

回答：家长，你好。其实不管是中学生还是小学生，家长在给孩子选择辅导班的时候，都一味去追逐名机构、追逐名师、追逐班型，却忽视了：只有孩子愿意学、学得懂，才是最有用的！否则，一切都是浮云。所以，建议你要首先和孩子沟通，让孩子从内心愿意去学、主动去学，只要孩子有了学习的积极性，哪怕不请辅导老师，孩子的成绩也会提高。

提问49：我家孩子比其他男孩要调皮一些，成绩属于中上等。有件比较头痛的事儿，家长会上班主任反映了一个情况，孩子上课时总喜欢左顾右盼或者不听讲，自己玩自己的，他都三年级了不知道习惯是否能改正？另外，回家问孩子，他说老师讲的内容他都懂，没兴趣听，您说说，像我们家的孩子适合什么样的老师呢？老师都喜欢成绩好、比较乖的，怕孩子不受待见。

回答：其实，孩子上课不听讲，有很多因素：孩子天生注意力不集中，容易分心；老师上课不精彩，让人听得昏昏欲睡；孩子曾经回答问题遭到过老师的否定或者同学的嘲笑，自尊心受到了伤害；家长对孩子要求过于完美，孩子凡事谨小慎微，总担心出错……建议你先了解孩子不听讲的真实原因，再和老师做有效沟通。通常来说，调皮的男孩子适合教学方式活泼有趣、教学形式新颖的老师。

## 提问50：请问老师，三心是什么？

回答：小学老师需要三心：爱心，责任心，上进心。有了这“三心”，才算是一个真正的好老师。爱，是鉴别好老师的第一把尺子。第二把尺子便是责任心，有责任心的老师会把孩子的利益放在第一位，关心孩子，保护孩子，不让孩子受到伤害。上进心对一个老师来说也很重要。我所指的上进心是老师要有不断的求知欲和探索心。如果一位老师没有上进心，他也会逐渐从孩子们喜欢的老师变成不喜欢的老师。